Verhaltenstherapeutische Hypnose bei chronischem Schmerz

Verhaltenstherapeutische Hypnose bei chronischem Schmerz

Ein Kurzprogramm zur Behandlung chronischer Schmerzen

von
Stefan Jacobs und Ines Bosse-Düker

2., aktualisierte Auflage

HOGREFE

GÖTTINGEN · BERN · WIEN · PARIS · OXFORD · PRAG · TORONTO
CAMBRIDGE, MA · AMSTERDAM · KOPENHAGEN · STOCKHOLM

Dr. Stefan Jacobs, geb. 1943. Studium der Medizin und Psychologie in Köln und Heidelberg. 1970-1972 Wissenschaftlicher Mitarbeiter an der Psychosomatischen Abteilung der Universitätskliniken in Köln. 1972-1974 Wissenschaftlicher Mitarbeiter an der Ärztlich-Psychotherapeutischen Beratungsstelle für Studenten der Universität Hannover. 1974 Promotion. 1974-2008 Akademischer Oberrat an der Abteilung für Klinische Psychologie und Psychotherapie am Institut für Psychologie der Universität Göttingen. Ist seit 2007 im Who's who in Medicine and Mental Health und im Marquis Who's who in the World 2007-2010 eingetragen. Arbeitsschwerpunkte: Chronischer Schmerz, Posttraumatische Belastungsstörungen, Abhängigkeitserkrankungen.

Dipl.-Psych. Ines Bosse-Düker, geb. 1970. 1993 Examen zur Atem-, Sprech- und Stimmtherapeutin nach Schlaffhorst-Andersen. 1993-1997 Sprachtherapeutin in einem heilpädagogischen Kindergarten. 1997-2004 Studium der Psychologie in Göttingen. Seit 2000 freiberufliche Tätigkeit in einer kinder- und jugendpsychiatrischen Praxis sowie als Stimmbildnerin und Stimmtherapeutin.

Bibliografische Information der Deutschen Nationalbibliothek

Die Deutsche Nationalbibliothek verzeichnet diese Publikation in der Deutschen Nationalbibliografie; detaillierte bibliografische Daten sind im Internet über http://dnb.d-nb.de abrufbar.

© 2005 und 2010 Hogrefe Verlag GmbH & Co. KG
Göttingen · Bern · Wien · Paris · Oxford · Prag · Toronto
Cambridge, MA · Amsterdam · Kopenhagen · Stockholm
Rohnsweg 25, 37085 Göttingen

http://www.hogrefe.de
Aktuelle Informationen · Weitere Titel zum Thema · Ergänzende Materialien

Satz: Grafik-Design Fischer, Weimar
Gesamtherstellung: AZ Druck und Datentechnik, Kempten
Printed in Germany
Auf säurefreiem Papier gedruckt

ISBN 978-3-8017-2304-0

Inhaltsverzeichnis

IV. Anhang

I. Einführung und theoretische Grundlagen

Einleitung

„Dolorum separe divinum est" (Den Menschen den Schmerz zu nehmen ist göttlich)
Galenus (129–199 v. Chr.)

„Ich habe gelernt, meinen Arbeitsablauf sinnvoller einzurichten; das Wichtige zuerst, um dadurch Stress zu vermeiden. Zwischendurch gönne ich mir eine Pause. Ich mache meine Entspannungsübungen jeden Tag und bei Schmerzen zusätzlich nach Bedarf. Durch meine regelmäßigen Entspannungsübungen habe ich bei mir selbst festgestellt, dass ich ruhiger und ausgeglichener geworden bin. Kurzum: Ich bin froh, dass ich an dieser Therapie teilnehmen durfte. Schade, dass die Zeit so begrenzt war."

„Ich kann meinen Körper wieder akzeptieren, da ich gesehen habe, dass mir durch den Bandscheibenvorfall nicht nur etwas genommen worden ist, sondern dass ich viel dazugelernt habe: Ich lebe viel bewusster und nehme meinen Körper und seine Signale ernst. Ich versuche, ihn nicht mehr zu „übergehen". Ich gönne mir öfter Pausen und wenn mir Dinge über den Kopf wachsen nun auch mal Termine absagen."

Diese exemplarischen Aussagen, die zwei Patientinnen nach jahrelangen, leidvollen Erfahrungen mit ihrer Schmerzerkrankung am Ende des hier vorgestellten Therapieprogramms machten, sollen dieses Manual einleiten. Sie dokumentieren die Intensität der Veränderung, die durch dieses Programm auf vielen Ebenen des Erlebens und Verhaltens möglich ist: Verbesserungen in Stimmung, allgemeinem Wohlbefinden, Aktivität und Schmerzniveau, wie aus den oben dokumentierten Aussagen deutlich wird. Eine Vielzahl der Patienten zeigen auch erhebliche Verminderungen ihres Medikamentenkonsums, ohne das diese Veränderungen ein primäres Ziel dieser Therapie wären.

Der beschrittene Weg zu diesen umfassenden Veränderungen setzt sich aus der schon in der Antike verwendeten Hypnose zur Schmerzlinderung und modernen Ansätzen der kognitiven Verhaltenstherapie in einem kompakten Therapieprogramm mit wöchentlichen Einzelsitzungen und dem Erlernen der Selbsthypnose zusammen.

Kapitel 1

Der chronische Schmerz

1.1 Einführung

Die meisten Menschen mit chronischen Schmerzen beginnen ihre Bemühungen um Linderung in ärztlichen Praxen. Beginnend mit vermeintlich ursächlichen Auslösern der Schmerzen werden dann Massagen, heiße Bäder und Analgetika zur Schmerzunterdrückung verordnet. Krankengymnastische Behandlungen werden auf Grund enger Budgetierung leider in immer geringerem Umfang verordnet, obwohl diese zumindest ansatzweise das aktive Verhalten der Patienten unterstützen könnten. Allgemein bekannt sind in diesem Zusammenhang zum Beispiel so genannte „Rückenschulen" zur Aktivierung und Mobilisierung. Nach jahrelanger Erfolglosigkeit oder auch nach scheinbar eindeutiger Indikationsstellung werden nicht selten operative Eingriffe vorgenommen, die ihrerseits wiederum den Chronifizierungsprozess fortsetzen können. Es wird sehr kontrovers diskutiert, inwieweit operative Eingriffe – oft als letzte Instanz bei Schmerzbeschwerden – zu bedeutsamen Linderungen führen. In vielen Fällen, gerade auch bei präoperativ unklaren Befunden, kommt es postoperativ nicht zu einer Verbesserung, sondern oft sogar zu einer Verschlimmerung der Problematik.

Bei allen nachfolgenden Erläuterungen zu somatischen Bedingungen chronischer Schmerzen sei deshalb daran erinnert, dass empirische Studien oft nur einen geringen Zusammenhang zwischen dem Ausmaß des Schmerzes einerseits und somatischen Auslösern andererseits nachweisen konnten. Die bisher genannten Bemühungen werden bei chronischen Schmerzpatienten nicht selten ergänzt durch die Gabe von Psychopharmaka, z. B. Tranquilizern oder Antidepressiva, wenn sie über Unruhe oder Schlafschwierigkeiten klagen.

Wie sieht es nun mit den medikamentös behandelten Patienten aus? Wie viele profitieren langfristig von ihrer Therapie? Wie sieht es mit den Nebenwirkungen bei langfristigem Schmerzmittelgebrauch aus? Je nach Typ des Medikaments sind langfristige Schäden durch Missbrauch bekannt (Brune, 1986). Diese reichen von Leber-,

Nieren- und Magen-Darmtraktschäden bis zu Blutbildveränderungen. Insbesondere bestimmte analgetische Kombinationspräparate können bei Kopfschmerzpatienten zu sekundärem Kopfschmerz führen (z. B. Saper, 1988).

Kröner-Herwig (1999, S. 568) beschreibt den Status Quo in der Behandlung von Menschen mit chronischen Schmerzen in drastischen Worten:

> „In den letzten Jahren ist deutlich geworden, dass bei chronischen Krankheiten, … eben auch für chronischen Schmerz, die Konzepte einer einseitig somatisch ausgerichteten Medizin versagt haben. Sie haben versagt hinsichtlich einer angemessenen Beschreibung des Krankheitsproblems selbst und sie versagen im Hinblick auf eine effiziente Behandlung."

1.2 Das chronische Schmerzsyndrom und seine Erfassung

Die „International Association for the Study of Pain" definiert den Schmerz folgendermaßen:

> „An unpleasant sensory and emotional experience associated with actual or potential tissue damage, or described in terms of such damage. (…) Pain is always subjective. Each individual learns the application of the word through experiences related to injury in early life. (…) It is unquestionably a sensation in a part (…) of the body, but it is also unpleasant, and therefore also an emotional experience. (…) Many people report pain in the absence of tissue damage or any likely pathophysiological cause; usually this happens for psychological reasons. There is (…) no way to distinguish their experience from that due to tissue damage, if we take the subjective report." (IASP, 2003).

Der Begriff „Schmerz" bezeichnet also das subjektive Erleben einer leidvollen Gesamtsituation sowohl auf (neuro-)physiologischer als auch auf psychosozial-biographischer Ebene. Das Schmerzerleben (und in der Folge das Schmerzverhalten) resultiert aus einem komplexen Zusammenspiel verschiedener Komponenten, die noch vor der Stufe der bewussten Wahrnehmung den Schmerzreiz qualitativ und quantitativ modulieren. Dies ist durchaus als eine aktive Leistung des ZNS zu verstehen (Jänig, 1993), die mit allen Facetten der Individualität in Beziehung steht. Die oben wiedergegebene Definition der IASP stellt eine Weiterentwicklung der ICD 10 (Dilling, Mombour, Schmidt & Schulte-Markward, 2000) dar. Diese erklärt fast jede chronische Schmerzstörung zu einer psychischen Störung (F 45.4: anhaltende somatoforme Schmerzstörung,), und zwar immer dann, wenn der Schmerz die *vorherrschende* Beschwerde ist, er *andauernd, schwer* und *quälend* ist und durch einen physiologischen Prozess oder eine körperliche Störung *nicht vollständig* erklärt werden kann.

Kröner-Herwig (2000) schreibt hierzu:

> „Man kann sich mit einigem Recht auf den Standpunkt stellen, dass ein chronisches Schmerzsyndrom als multidimensionales Geschehen niemals vollständig körperlich determiniert ist. Damit wären alle chronischen (…) Schmerzen zu psychischen Störungen erklärt. Höchst problematisch an der ICD-Klassifikation ist auch, dass emotionale Konflikte oder psychosoziale Probleme entscheidenden *ursächlichen* Einfluss haben sollen."

Dies könne man natürlich im Einzelfall nicht ausschließen, doch

> „ist es sehr viel wahrscheinlicher, dass sie bedeutsamer für die Aufrechterhaltung und Ausgestaltung sind."

Die Autoren des DSM-IV-TR (Saß, Wittchen, Zaudig & Houben; 2003) versuchen, dieser Gefahr einer Stigmatisierung chronischer Schmerzpatienten als psychisch krank zu entgehen, indem sie nur noch von einer *Schmerzstörung* sprechen, die entweder *in Verbindung mit psychischen Faktoren* (307.80) oder *in Verbindung mit sowohl psychischen Faktoren als auch einem medizinischen Krankheitsfaktor* (307.89) steht. Ein Nebeneinander von psychischen und somatischen Einflussfaktoren wird dadurch klassifikatorisch ermöglicht.

Der Begriff „chronischer Schmerz" beschrieb bis in die jüngste Zeit die Beschwerden unter einem Zeitdauer-Kriterium von mehr als 3 bzw. 6 Monaten. Gerbershagen (1995) bezeichnet eine Störung als chronisches Schmerzsyndrom, wenn sie nicht nur über eine längere Zeit besteht, sondern den Schmerz erleidenden Menschen in Verhalten und Erleben bedeutsam beeinträchtigt und zu vielfältigen, zum größten Teil erfolglosen Behandlungsversuchen geführt hat.

Das von einem Arbeitskreis der Deutschen Gesellschaft zum Studium des Schmerzes e. V. (DGSS) entwickelte multiaxiale Klassifikationssystem MASK (Klinger, Hasenbring, Pfingsten, Hürten, Maier & Hildebrandt; 2000) erfasst grundsätzlich beide Ebenen, die somatische und die psychische. Auf der psychologischen Achse wird ein Patient mit chronischer Schmerzstörung auf der Ebene der *motorisch-behavioralen*, der *emotionalen*, der *kognitiven*, der *Stressoren* und der *habituellen Persönlichkeitsmerkmale* eingeschätzt. Schädigungen oder Dysfunktionen, die im somatischen Bereich erfasst werden, können mehr oder weniger stark gekoppelt sein mit der Einschränkung der körperlichen Beweglichkeit oder allgemeinen Leistungsfähigkeit. Einschränkungen dieser Art sind in der Regel mitbestimmt durch psychologische Prozesse, z. B. depressiver Verarbeitung des Schmerzes oder Vermeidungslernen. So wenig es einen linearen Zusammenhang zwischen dem Ausmaß der körperlichen Schädigung und dem berichteten Schmerz und Schmerzverhalten gibt, so gering kann der Zusammenhang zwischen physischer Schädigung und genereller Beeinträchtigung sein (Flor & Turk, 1984).

1.3 Störungstheorien und Modelle

Über eine lange Zeit hinweg wurden chronische Erkrankungen und damit auch chronische Schmerzsyndrome ausschließlich unter somatischen Gesichtspunkten betrachtet. Da aber bei vielen Schmerzsyndromen keine organische Pathologie vorfindbar ist oder das Vorgefundene die erlebten Schmerzen nicht hinreichend erklären kann, hat eine interdisziplinäre Forschungsperspektive zunehmend an Interesse gewonnen. Ein multifaktorieller Ansatz ist gerade bei chronischen Erkrankungen wichtig, da im Verlauf der Erkrankung die ursprünglichen Auslöser oft in den Hintergrund treten und der tägliche Umgang mit der Erkrankung, z. B. den Schmerzen, immer mehr in den Vordergrund rückt. Das damit angesprochene Problem der alltäglichen Krankheitsbewältigung (engl.: *Coping*) ist von vielerlei Lernprozessen beeinflusst (Turk & Gatchel, 1996), auf die in den nachfolgenden Abschnitten ausführlich eingegangen werden soll. Damit eröffnet sich eine biopsychosoziale Sicht auf chronische Schmerzen und ein Zugang zum Verständnis grundlegender Mechanismen der Chronifizierung. Die folgenden Abschnitte beschäftigen sich mit den in der aktuellen Schmerzforschung wichtigsten Modellen, die zur Entstehung und Aufrechterhaltung von chronischen Schmerzen beitragen. Auf tiefenpsychologische und systemische Erklärungsansätze soll im weiteren verzichtet werden, da diese zwar wichtige Aspekte in den wissenschaftlichen Diskurs eingeführt haben, aber auf Grund schwieriger Operationalisierbarkeit ihrer Modellannahmen wenig empirische Befunde vorlegen können. Insbesondere Annahmen der systemischen (vgl. z. B. Minuchin et al., 1975) und transaktionalen Perspektive (Sternbach, 1974) können auch behavioral, zum Beispiel über Mechanismen des Modellernens, erklärt werden.

1.3.1 Neurophysiologisches Modell: Die Gate-Control-Theorie

Dieser Theorie zufolge existiert ein Kontrollmechanismus für die Übertragung noxischer (schädigender) Signale aus der Peripherie zu den ersten Neuronen des Rückenmarks. Als Sitz dieses so genannten „Tors" (engl.: *gate*) wird von den Autoren die Substantia gelatinosa in den Hinterhörnern des Rückenmarks angegeben. Dieses Tor soll von anderen peripheren Afferenzen (niedrigschwellige, dicke Fasern) im Sinne einer Bahnung oder aber einer Übertragungshemmung beeinflusst werden. Weitere Einflüsse erfährt die Impulsübertragung auf die Rückenmarksneuronen durch absteigende Signale aus höheren Hirnzentren (Melzack & Wall, 1965). Später wurden in die Gate-Control-Theorie auch Einflüsse nicht primär sensorischer Art einbezogen (Melzack, 1973). In dieser Version hat die Theorie in der Schmerzpsychologie einen nicht wegzudenkenden Stellenwert errungen, eröffnete sie doch zum ersten Mal die Möglichkeit, die Verbindung sensorischer, kognitiver und affektiver Einflüsse zumindest modellhaft darzustellen.

Nun decken sich allerdings zahlreiche neurophysiologische Befunde späterer Studien nicht mit den ursprünglichen Voraussagen der „GCT" (Schmidt, 1972; Nathan, 1976). Ihre Integration der verschiedenen Dimensionen des Schmerzes und damit das (damals) neue Konzept einer Multidimensionalität der Schmerzempfindung wird dennoch weiterhin als besonders wichtig und wegweisend gewürdigt (Flor, 1991).

Von psychologischer Seite wird festgestellt, dass die „GCT", obwohl sie in späteren Revisionen die Möglichkeit negativer Rückkopplung miteinbezogen hat (Melzack, 1973), in ihren Grundzügen dennoch weiterhin ein unidirektionales *input*-

output-System darstellt (Seemann, Zimmermann, 1999, S. 28).

Geissner (1992) kritisiert, dass die Theorie gerade für die Bearbeitung schmerzpsychologischer Fragestellungen einen wenig geeigneten theoretischen Rahmen vorgibt. Sozial-emotionale und kognitive Prozesse oder biographische Hintergründe, wie sie bei chronischen Schmerzzuständen von Bedeutung sind, können in diesem Modell, welches singuläre Schmerzprozesse beschreibt, nicht einbezogen werden (Seemann & Zimmermann, 1999, S. 28).

Schließlich ist die ausschließlich neurophysiologische Terminologie nicht dazu geeignet, im Gespräch mit den Patienten und bei der Vermittlung eines multidimensionalen Schmerzmodells die Einzigartigkeit der individuellen Erfahrung hervorzuheben. Dieser „Kategoriefehler" (Geissner, 1992) behindert einen persönlichen Zugang zum Schmerzgeschehen und hat z. B. dazu geführt, dass sich die anschauliche Metapher der „Torkontrolle" eingebürgert hat.

Trotz aller Kritik sei an dieser Stelle würdigend angemerkt, dass die Gate-Control-Theorie als Edukationsgrundlage für Patienten anschaulich darstellen kann, wie peripherer Schmerz durch höhere Zentren moduliert wird und dass es eine „unverfälschte" Nozizeption nicht geben kann. Gefordert sind also Theoriemodelle, welche der Multidimensionalität eines individuellen Schmerzsyndroms gerecht werden können.

1.3.2 Verhaltenstheoretische Beiträge

Operantes Lernen

Der operante Ansatz zur Erklärung chronischer Schmerzsyndrome war das erste psychologische Modell, das eine weite Verbreitung fand. Es geht auf Skinner zurück (z. B. 1953), der davon ausging, dass das Verhalten eines Menschen vor allem durch die Folgen des Verhaltens bestimmt wird. Wenn regelmäßig auf eine Reaktion eine positive Konsequenz folgt (oder eine negative Konsequenz entfernt wird), so erhöht sich in der Folge die Wahrscheinlichkeit für das Auftreten dieser Reaktion. Entsprechendes soll gelten für kontingente negative Konsequenzen oder die Entfernung einer positiven Konsequenz: Die Häufigkeit der entsprechenden Reaktion soll sich vermindern. Übertragen auf die Entstehung und Aufrechterhaltung chronischer Schmerzen heißt dies:

Schmerzverhalten kann durch *positive Verstär-kung* (z. B. in Form von Zuwendung durch die soziale Umgebung), durch *negative Verstärkung* (z. B. durch den Wegfall ungeliebter Tätigkeiten) oder auch durch *mangelnde Verstärkung* nichtschmerzbezogenen Verhaltens aufrechterhalten werden. Mit zunehmender Dauer wird der eigentliche nozizeptive Input immer unwichtiger, es kommt zu ausgeprägtem Schon- und Vermeidungsverhalten und zu sekundärem psychosozialen Rückzug (Fordyce, 1986). In diesem Zusammenhang ist das von Philips (1987) ausgearbeitete und von Waddell (1993) auf chronische Rückenschmerzen spezifizierte „fear-avoidance-beliefs"-Modell zu erwähnen: Krankheitsbezogene Überzeugungen, so genannte Metakognitionen, werden handlungsführend. Philips geht davon aus, dass insbesondere Patienten, die ihre Schmerzen katastrophisierend überbewerten und erhebliche Angst vor ihnen entwickeln, über Schon- und Vermeidungsverhalten das Schmerzerleben aufrechterhalten. Führt das Schon- oder Vermeidungsverhalten zu einer Reduzierung von aversiven Gefühlen wie Angst vor Schmerzen oder Hilflosigkeit, wird es auf dem Weg negativer Verstärkung stabilisiert. Zukünftige Schmerzen werden keinem erneuten Bewertungsprozess unterzogen.

Einen empirischen Beleg für die Wirkung sozialer Verstärkung auf das Schmerzverhalten wurde u. a. in einer kombinierten klinischen und Laborstudie gezeigt: Die Gegenwart von Zuwendung zeigenden Partnern konnte die Schmerzempfindlichkeit chronischer Schmerzpatienten drastisch steigern (Flor et al., 1995). Therapieprogramme, die auf dem operanten Schmerzmodell beruhen, konnten deutliche Verbesserungen im Aktivitätsniveau, der Medikamenteneinnahme sowie dem Schmerzverhalten bei verschiedenen Schmerzsyndromen erreichen (z. B. Guck et al., 1985; Turner & Clancy, 1988).

Als problematisch wird von einigen Vertretern vor allem kognitiv-behavioraler Ansätze gesehen, dass sich die Verhaltensanalyse nur auf offenes Verhalten bezieht. Verdecktes Verhalten, z. B. kognitive und affektive Aspekte, werden nicht beachtet. Auch schmerzauslösende physiologische Vorgänge können von diesem Ansatz nicht integriert werden.

Modellernen

Personen können neues Verhalten durch die Beobachtung anderer Personen erlernen. Durch Lernen am Modell (Bandura, 1969) können auch be-

stehende Verhaltensweisen gehemmt oder enthemmt werden.

Bezogen auf Schmerzverhaltensweisen konnte Craig (1986) zeigen, wie Schmerzausdruck und Schmerztoleranz durch die Beobachtung anderer beeinflussbar sind. Besonderes Interesse fanden in diesem Zusammenhang Beobachtungen an so genannten „Schmerzfamilien". In diesen Familien treten Schmerzsyndrome überproportional häufig auf. Kinder aus diesen Familien entwickeln eher diejenigen Schmerzsymptome, die sie an ihren Eltern aktuell beobachten können als anderweitige (Christensen & Mortensen, 1975). Block (1981) zeigte, dass Lebenspartner von Patienten mit chronischen Schmerzen mit erhöhtem physiologischen Arousal reagieren, wenn sie beobachten, wie ihre Partner unter Schmerzen leiden. Beobachtungslernen fördert demnach die Organvulnerabilität, indem schmerzgenerierende physiologische Reaktionen von Modellen erworben werden. Dem Partnerverhalten wird von vielen Autoren (z. B. Block, Kremer & Gaylor, 1980) insbesondere bei der Aufrechterhaltung der Symptomatik eine wesentliche Rolle zugesprochen.

Kognitiv-behavioraler Ansatz

Die Lerntheorie und die daran assoziierte Verhaltenstherapie haben in jüngster Zeit eine so genannte kognitive Wende durchlaufen. Globales Merkmal kognitiver Wissenschaft ist die Konzentration auf die Informationsverarbeitungsprozesse, die zwischen beobachtbaren Stimuli und Reaktionen angenommen werde. Vereinfacht ausgedrückt, geht es um die Frage, was in der „Black Box" vor sich geht. Eine Grundannahme des Ansatzes ist es, dass Menschen ihr Handeln und Erleben vornehmlich nach ihrer subjektiven Wahrnehmung der Welt und nicht nach objektiven Eigenschaften der Ereignisse ausrichten.

Auch Entstehung und Aufrechterhaltung chronischer Schmerzen können in kognitiver Terminologie beschrieben werden. Zu diesem Ansatz zählen Annahmen vor allem über kognitiv-emotionale Prozesse chronischer Schmerzpatienten, die erhebliche affektive und behaviorale Konsequenzen haben können. Insbesondere negative Erwartungen bezüglich der eigenen Einflussmöglichkeiten auf das Schmerzgeschehen sollen eine Rolle bei der Aufrechterhaltung und Verstärkung von Schmerzen spielen (Flor & Turk, 1988). Kennzeichnend sind Gefühle der Hilflosigkeit und mangelnden Kontrolle über den Schmerz, die zu

Selbstwertunsicherheit und Passivität bis hin zu Depressivität führen (Ingram, Atkinson, Slater, Saccuzzo & Garfin; 1990).

Interventionsprogramme, die auf der Basis kognitiver Schmerztheorien entwickelt wurden, zielen darauf ab, die Bewertung und Bedeutung von Schmerzen zu modulieren und Ablenkungstechniken zu vermitteln.

So kann auch das Konzept der „Selbsteffizienz" von Bandura (v. a. 1977) auf Patienten mit chronischen Schmerzen angewendet werden: Die Erwartung einer Person bezüglich der eigenen Fähigkeit, erfolgreich mit spezifischen Problemen umzugehen, kann als wichtiger kognitiver Mechanismus bei chronischen Schmerzpatienten verstanden werden: Folgt man diesem Ansatz, so sehen sich Patienten außer Stande, gegen ihre Schmerzen etwas Wirksames zu unternehmen. Aus dieser Erwartungshaltung resultieren Passivität, Hoffnungslosigkeit und Depressivität. Diese wirken dann wiederum schmerzverstärkend. Die Wirkung jeder erfolgreichen psychologischen Schmerztherapie kann als Steigerung von „Selbsteffizienz" interpretiert werden.

Die Übersichtsarbeiten von Turk, Meichenbaum und Genest (1983) sowie von Weisenberg (1989) nannten als weitere intervenierende Variablen kognitiver Schmerztheorien: Attributionen, Erwartungen, Glaubenssätze/Überzeugungen, persönliche Kontrolle, Aufmerksamkeit, Problemlösen, Bewältigung (Coping) und Imagination.

Zu den am häufigsten untersuchten Überzeugungen gehören die Fear-Avoidance-Beliefs (Waddell et al., 1993). Diese stellen so genannte Metakognitionen dar, wonach das Schmerzgeschehen einen ungünstigen Verlauf nehmen wird und nicht mit einer Wiederherstellung der ehemaligen Funktionstüchtigkeit gerechnet wird. Aus Angst vor Verschlimmerung des Leidens wird als einziger Lösungsweg Vermeidungsverhalten anerkannt. Generalisiertes Rückzugs- und Vermeidungsverhalten, das in der Regel auch zu einer Verarmung an Eindrücken vor allem im sozialen Bereich führt, ist begleitet von Verstärkerverlust. Aus der Depressionsforschung ist bekannt, dass Inaktivität und Umweltverarmung mit depressiver Stimmung einhergehen. Über neurophysiologische Rückkopplungsprozesse können im Verlauf sowohl die Schmerzempfindlichkeit als auch der muskuläre Tonus negativ beeinflusst werden (Schmidt, 1985) und das System stabilisieren. Es kann sich also

ein „Teufelskreis" ergeben, in dem schlechte Stimmung Schmerz verstärkt, und die Schmerzerfahrung zu einer negativen Stimmung beiträgt. Ein tieferer Einblick in den Zusammenhang von Depression und Schmerzchronifizierung folgt im Kapitel *Depression, Kognition und Schmerz* (Kap. 1.4.3, S. 18).

Peters (1990) setzte sich mit einem kognitiven Prozess, der Imagination, auseinander, der insbesondere im Rahmen dieses Therapieprogramms von herausragender Bedeutung ist: Unter Imagination wird unsere Vorstellungsfähigkeit für erlebte oder nur phantasierte Vorkommnisse verstanden. Psychologische Interventionen beinhalten Imaginationstechniken meist als Baustein im Rahmen multimodaler Therapieprogramme. Häufig werden die Übungen benutzt, um angenehme Vorstellungen oder imaginative Transformationen zu generieren. Für imaginative Techniken nimmt Peters drei potenzielle Wirkfaktoren an:
– kurzfristige Ablenkung
– langfristige Wahrnehmung der eigenen Kontrollfähigkeit
– Umstrukturierung von im Gedächtnis gespeicherten Deutungen und Empfindungen

Den dritten Faktor deutet Peters als den eigentlich potenten bei der Behandlung chronischer Schmerzen mittels imaginativer Techniken. Auf diesen Aspekt soll im Abschnitt 2.3.4 (S. 31) noch näher eingegangen werden.

1.3.3 Persönlichkeitsforschung

Im Rahmen dieser Forschungsbemühungen werden Hinweise für eine spezifische „Schmerzpersönlichkeit" gesucht. Ein umfassendes tiefenpsychologisches, aber wiederum empirisch nicht belegtes Konzept einer Schmerzpersönlichkeit entwarf Engel (1959) in seinem berühmten Artikel „Psychogenic pain and the pain-prone patient". Er ging dabei von der Beobachtung aus, dass manche Menschen unabhängig vom Vorhandensein einer peripheren Reizquelle eher Schmerz als psychischen Regulator verwenden als andere.

Engel betonte – lange vor Melzack und Wall (s. Gate-Control-Theorie) – dass es keinen Schmerz ohne Beteiligung zentralnervöser Partizipation gibt. Ist die zentralnervöse Organisation der Schmerzwahrnehmung im Laufe der kindlichen Entwicklung ausgereift, so bedarf es im weiteren Verlauf keiner peripheren Reizung mehr, um

Schmerz zu spüren. Werden Schmerzen aus dem psychischen Bereich auf den Körper „projiziert", so sind sie von peripheren Schmerzen nicht mehr zu unterscheiden.

Kröner-Herwig (1999, S. 197) skizziert die von Engel beschriebene Schmerzpersönlichkeit folgendermaßen:

> „Auf der Grundlage einer psychodynamischen Theorie entwirft Engel das Bild des durch exzessive Schuldgefühle gekennzeichneten chronischen Schmerzpatienten mit oder ohne organische Befunde (…). Dieser hat sich Schmerz als „Störung" ausgewählt, um sich so zu bestrafen und sich damit von Schuldgefühlen zu befreien. Dies gilt insbesondere dann, wenn die Lebensumstände eigentlich positiv sind, es also wenig zu „leiden" gibt. Der typische „pain-prone patient" ist nach Engel depressiv, pessimistisch und schwermütig und kennt keinerlei Lebensfreude. Diese Persönlichkeitsstruktur entwickelt sich auf Grund komplexer entwicklungsgeschichtlicher Erfahrungen. Der „pain-prone patient" hatte Eltern, die ihn als Kind verbal oder physisch misshandelten, deren Beziehung durch Gewalt geprägt war. Schmerz, Liebe und Zuneigung standen für den „pain-prone patient" in einem engen Zusammenhang. Nach Schmerz (durch Bestrafung) folgte verstärkte Zuneigung. Möglicherweise wurde er nur bei Krankheit und Schmerz mit Liebe verwöhnt (…)".

Es werden also in der Vergangenheit liegende traumatisierende Erlebnisse als verursachend für aktuellen Schmerz angesehen. Die historischen Wurzeln dieser Modellannahmen liegen in der von Sigmund Freud postulierten „Konversionsneurose". Jüngste Forschungsergebnisse zum Störungsbild der Fibromyalgie postulieren erneut oben beschriebene Zusammenhänge, sie werden allerdings zunehmend kognitionstheoretisch gestützt. Tatsächlich finden sich in diesem Fall gehäuft problematische frühkindliche Erfahrungen, die in Zusammenhang mit aktuell erlebten Schmerzen gebracht werden.

Grundsätzlich liegt psychodynamischen Annahmen zur Pathogenese chronischer Schmerzstörungen eher eine dichotomisierende Sicht als eine integrativ-prozessorientierte Sicht zu Grunde. Die noch häufig benutzten Begriffe des „psychogenen" (psychisch bedingten) oder „somatogenen" (körperlich bedingten) Schmerzes deuten mehr implizit als explizit auf diese dualistische Sicht hin. Wird die jeweilige Bezeichnung als Beschreibung der Ursachen, der aktuellen Bedingungsfaktoren oder als Beschreibung der Symptomatik verwendet? Ein grundlegender Kritikpunkt an psychodynamischen Annahmen zur Genese chronischer

Schmerzen bleibt bestehen, wenn es den Vertretern dieses Modells nicht gelingt, methodisch nachvollziehbare Operationalisierungen ihrer Annahmen darzustellen. Vertreter kognitiv-behavioraler Modelle betonen zurecht, dass ohne überprüfbare Operationalisierungen die Bedeutung früher traumatischer Erfahrungen im Bereich vager Vermutungen liegt. Es besteht weiterhin die Gefahr, die psychischen Einflüsse auf die primäre Verursachung zu überschätzen und die aktuellen aufrechterhaltenden Einflüsse zu unterschätzen.

Empirische Schmerzpersönlichkeitsforschung

Folgt man Kröner-Herwig (a. a. O.) in ihren Forderungen nach theoretischen und empirischen Voraussetzungen zur validen Überprüfung der „Schmerzpersönlichkeit", so zeigen sich in der Mehrzahl der durchgeführten Studien eklatante methodisch Mängel. Diese betreffen die Stichprobenselektion, inadäquate Kontrollgruppen, fehlende Störvariablenkontrolle usw. Einschränkend für Ergebnisse vieler Forschungsbemühungen ist weiterhin der gänzlich retrospektive Charakter der Studien. So können Daten, die an Patienten mit chronischer Schmerzsymptomatik erhoben wurden, natürlich nicht als persönlichkeitsdispositionelle, prognostische relevante Eigenschaften interpretiert werden.

Zusammenfassend kann konstatiert werden, dass es nur wenige methodisch korrekte prospektive Studien gibt (z. B. Magni et al., 1994; Pietri-Taleb et al., 1995). Kröner-Herwig (a. a. O., S. 201, 204) fasst zusammen:

> „Die Befundlage dieser Studien ist insgesamt (…) als schwach zu bezeichnen. Wenn überhaupt, so stellen Persönlichkeitsvariablen nur ein geringes Risiko für die Entwicklung von Schmerzstörungen in einem Verbund komplexer Einflussfaktoren dar."

> „Trotz vieler methodisch unzureichender Studien kann heute also folgende Aussage getroffen werden: Es gibt keine spezifische Schmerzpersönlichkeit oder syndromspezifische Schmerzpersönlichkeiten, die in sich homogen sind und sich gegen Persönlichkeitsmuster anderer Störungen abgrenzen lassen. Wie bei vielen anderen chronischen Krankheiten sind häufiger, im Vergleich zur Norm, erhöhte Depressivitäts- und hohe Neurotizismuswerte zu beobachten. Diese werden eher als ein Korrelat der Krankheitsbewältigung denn als Prädiktor aufgefasst."

Nun wurden in verschiedensten Studien jedoch immer wieder Variablen gefunden, die bei der untersuchten Schmerzklientel deutlich über der Norm lagen, so z. B. *Neurotizismus* im MMPI (Minnesota Multiphasic Personality Inventory, dt. Version von Engel, 2000), einem in den USA vielfach verwendeten Instrument. Wiederholt fanden sich entweder eine sog. *„neurotische Trias"*, die in einer Erhöhung der Werte auf den Skalen „Hypochondrie", „Depression" und „Hysterie" besteht (Sternbach et al., 1973), oder das sog. *„psychosomatische V"*, bei dem die Skalen „Hypochondrie" und Hysterie" gegenüber der „Depression" erhöht sind. Beide Konfigurationen sind jedoch nicht schmerzspezifisch, sondern finden sich allgemein bei Patienten mit psychosomatischen Störungen und anderen chronischen Erkrankungen außer Schmerzstörungen.

1.4 Prozesse der Chronifizierung von Schmerzen

Die interdisziplinären Forschungsbemühungen zum Verständnis der Ätiologie und Pathogenese haben sich in den letzten Jahren zunehmend in Richtung einer allmählich sich entwickelnden Chronifizierung verlagert. Der Begriff der Chronifizierung kennzeichnet dabei definitionsgemäß die Phase des Übergangs von einem akuten zu einem chronisch persistierenden oder chronisch rezidivierenden Schmerz. An diesem Prozess sind komplexe Wechselwirkungen zwischen biologischen, psychologischen und sozialen Faktoren beteiligt. Diese Annahmen werden gemeinhin unter dem Begriff des biopsychosozialen Krankheitsmodells subsummiert (vgl. Hasenbring, 1999, Kap. 7).

Ein empirisch gegründetes Wissen existiert derzeit vor allem zur Chronifizierung von Rückenschmerzen. Interessierten Lesern sei deshalb empfohlen, die detaillierten Ausarbeitungen von Hasenbring (a. a. O.) nachzulesen.

1.4.1 Kognitionspsychologische Mechanismen bei der Chronifizierung

Wie im Abschnitt unter kognitiv-behavioralen Theorieansätzen bereits angesprochen, wird den Informationsverarbeitungsprozessen bei der Entstehung chronischer Schmerzen erhebliche Bedeutung zugemessen. Neben der sozial-kognitiven Lerntheorie von Bandura (1977) gibt es weitere Modelle, die im weitesten Sinn als kognitiv be-

havioral bezeichnet werden können. Es sind dies das Modell der gelernten Hilflosigkeit (Seligman, 1975), das Stressmodell von Lazarus (Lazarus & Folkman, 1984), kognitive Modelle der Depression (z. B. Beck, Rush, Shaw & Emerey, 1981). Einen neueren Aspekt stellt die Schmerztheorie von Hoppe (1986) dar. Sie verbindet auf interessante Weise kognitive Modelle mit physiologischen Ansätzen. Basis dieser Theorie ist die Annahme, dass die Schmerzspeicherung im Gedächtnis für die Chronifizierung von zentraler Bedeutung ist. Der Zusammenhang mit physiologischen Erklärungen wird ersichtlich bei der Betrachtung von Phantomschmerzen. Diese treten unabhängig von peripherer Erregung auf und werden durch zentralnervöse Schmerzengramme (Schmerzgedächtnis) erklärt (Zimmermann, 1993). Casey (1991) und Birbaumer, Flor und Lutzenberger (1995) nennen die zentralnervöse Neuroplastizität als den Mechanismus der Chronifizierung. Sie konnten zeigen, dass intensive Schmerzreize bereits nach wenigen Minuten zu anhaltenden strukturell-anatomischen und neurophysiologischen Veränderungen führen, welche die Weiterleitung und Verarbeitung von Schmerzreizen intensivieren. Eine Schmerzerfahrung entsteht demnach aus der Interaktion von sensorischem Input und gespeichertem Schmerzwissen (dem Schmerzschema oder Schmerzengramm). Ein solcher Ansatz steht auch im Einklang mit Netzwerkmodellen des Gedächtnisses und parallel verteilten Prozessen (z. B. Hinton & Anderson, 1981; McClelland & Rumelhart, 1986). Werden diese Modellannahmen auf chronische Schmerzen übertragen, so gilt: Voraktivierung und Verbindungsstärke eines Schmerzschemas sind so stark, dass auch ein minimaler sensorischer Input oder eine kognitive Aktivierung das gesamte Schmerzschema oder wesentliche Teile desselben über Prozesse der Mustererkennung und -vervollständigung aktiviert. Chronische Schmerzen sind also im Sinne Hoppes ein Produkt dysfunktionaler Informationsverarbeitung. Die Begriff des Schemas soll im nächsten Abschnitt konkretisiert werden.

1.4.2 Schmerzschemata

In kognitionspsychologischen Arbeiten wird dieser Begriff in unterschiedlichen Bedeutungsnuancen benutzt. Das ursprünglich von Bartlett (1932) eingeführte „Schema" bezeichnete eine mentale Repräsentation eines Teils der Welt. Bartlett hatte beschrieben, wie Personen neue Informationen so strukturieren und modifizieren, dass sie mit ihrem bisherigen Weltwissen zusammenpassen. Das Weltwissen sah er als Reservoir von miteinander verknüpften Schemata, die es einer Person gestatten, neue Informationen in ihr Weltbild einzuordnen. Auch von uns selbst besitzen wir Schemata, zum Beispiel über unseren Körper. Bezogen auf Schmerzschemata schreibt Ruoß (1998, S. 52):

„Schmerzschemata sind zu verstehen als Informationspakete über sensorische, emotionale und evaluative Schmerzeigenschaften, über Verhaltensoptionen wie auch Konsequenzen. Solche Schemata repräsentieren eine schmerzgefärbte Sicht der eigenen Person und Welt. Sie können dazu dienen, beliebige Informationen auf schmerzspezifische Art zu verarbeiten und als schmerzrelevant zu erkennen (…).

So wie man bei Patienten mit emotionalen Störungen wie Angst oder Depression findet, dass das mit den Störungen assoziierte Selbstbild die Informationsverarbeitung verändert, findet man auch bei Schmerzpatienten Aufnahme und Abruf von Informationen entsprechend der Schmerzsicht der eigenen Person verzerrt."

Schemata allgemein und Schmerzschemata im Besonderen können nun auf zweierlei Weise aktiviert werden: über bottom-up Prozesse (z. B. über tatsächlichen nozizeptiven Input) und über top-down Prozesse unter der Führung von Erwartung und Wissen, also der Häufigkeit, mit der das Schema in der Vergangenheit aktiviert wurde. Diese Annahmen zur Aktivationsausbreitung beim Abruf von gespeicherten Wissen aus dem Langzeitgedächtnis stellen einen hilfreichen theoretischen Rahmen dar und sollen nochmals Erwähnung finden im Abschnitt „Hypnose und Netzwerktheorien des Gedächtnisses."

1.4.3 Depression, Kognition und Schmerz

Obwohl die hohe Inzidenz von Depression bei Menschen mit chronischem Schmerz in vielen Studien belegt ist, besteht über die Art des Zusammenhangs weiterhin Unklarheit (Hautzinger, 1999). Stellt chronischer Schmerz womöglich eine Form von Depression dar? Entwickeln sich beide Störungen unabhängig voneinander, oder stellt Depressivität eher ein Chronifizierungsmerkmal dar? Führt chronischer Schmerz bei einer Vielzahl von Patienten auf Grund der erlebten Hilflosigkeit zur Depression, quasi als Reaktion auf die bestehende Schmerzstörung?

Die Autoren schließen sich an dieser Stelle Kröner-Herwig (2000) an, die „eine dezidierte Position hinsichtlich dieser Fragen weder für die Diagnostik noch für die Therapie für besonders wichtig" hält. „Bedeutsam", so schreibt Kröner-Herwig weiter, „ist die genaue Analyse des aktuellen, so genannten depressiven Verhaltens und Erlebens (…), da sich daraus wesentliche Angriffspunkte für die Therapie ergeben." Bedeutsam könne ferner sein, ob der Patient schon vor dem Beginn der Schmerzstörung an einer Depression litt, da in diesem Fall überdauernde depressive Schemata in der Therapie besondere Beachtung finden sollten.

Erklärungsansätze zum Zusammenhang zwischen chronischem Schmerz und Depression

Die Literaturanalyse von Romano und Turner (1985) wird in diesem Zusammenhang von verschiedenen Autoren immer wieder herangezogen. Sie selbst konstatierten, dass ihnen keine hinreichend ausgearbeiteten Theorien zum postulierten Zusammenhang vorlagen.

Die Schwierigkeit entsteht zum Teil auch aus der Situation, dass sich depressive Symptome nicht spezifisch von Symptomen somatischer Erkrankungen unterscheiden (Hautzinger, 1999, Kap. 38).

Biologische Erklärungsansätze gehen gemeinhin davon aus, dass chronischen Schmerzen und Depression ein gemeinsames biochemisches und physiologisches Substrat zu Grunde liegt. So wurden bei beiden Störungen Neurotransmitter-Dysbalancen und neuronale Reizübertragungsstörungen gefunden, die sich auf die selben Substanzen und Vorgänge beziehen (a. a. O.).

Im Rahmen psychologischer Theorien zur Chronifizierung werden vor allem kognitiv-behaviorale Mechanismen diskutiert, die Depression z. B. als Folge des durch chronische Schmerzen erlebten Verstärkerverlustes interpretieren (Fordyce, 1976). Der Zugang zu positiven, z. B. sozialen Verstärkern ist durch die Schmerzen erschwert oder gar unmöglich. Diese Erklärungen können die Entwicklung einer Depression plausibel machen. Sie können weiterhin erklären, wie es durch Depression zu einer Chronifizierung der Schmerzstörung kommt.

Patienten mit chronischen Schmerzen und Depression und nur depressive Patienten zeigen ähnliche „dysfunktionale Gedanken und Überzeugungen"

(Lefebvre, 1981), vor allem „Katastrophisierungsgedanken". Die Autoren schließen diesen Diskurs mit einem Zitat von Fordyce (1988): „How much better they get will depend mainly on what they do. People who have something better to do don't suffer as much."

1.5 Darstellung ausgewählter chronischer Schmerzstörungen

In den nachfolgenden Abschnitten sollen die Schmerzsyndrome *chronischer Rückenschmerz*, *Kopfschmerz vom Spannungstyp*, *Migräne*, *chronische Polyarthritis* und *Fibromyalgie* exemplarisch dargestellt werden, da sie in der dem Programm zu Grunde liegenden Studie am häufigsten auftraten. Dem Problem *medikamentöser Abhängigkeit* im Zusammenhang mit chronischen Schmerzen wird ein eigener Abschnitt gewidmet.

1.5.1 Chronischer Rückenschmerz

Rückenschmerzen sind in den westlichen Industrienationen ein weitverbreitetes Phänomen und führen in nicht wenigen Fällen bei Chronifizierung der Schmerzsymptomatik zu vorzeitigem Rückzug aus dem sozialen und beruflichen Leben (Frühberentung). Vermutlich stellen sie das häufigste Beschwerdebild dar. Damit wurden Rückenschmerzen in den letzten Jahren zu einem Hauptkostenfaktor im Gesundheitswesen. Es ist zu vermuten, dass gesellschaftliche Faktoren zu der überproportionalen Bedeutung von Rückenschmerzen beigetragen haben: Einerseits ein hoher Flexibilitätsdruck auf Seiten der Arbeitnehmer, geringer werdende soziale Unterstützung und eine in den letzten Jahren zunehmende permanente Bedrohung des Arbeitsplatzes, insbesondere für Arbeitnehmer in der zweiten Lebenshälfte. Ein grundlegenderes Problem scheint aber auch ein sowohl von Ärzten als auch von Patienten geteiltes Behandlungsrational zu sein, nach dem Schonung und Bettruhe, Schmerzmittel und passive physikalische Maßnahmen das erste Mittel der Wahl seien. Die IASP (International Association for the Study of Pain) hält eine solche Behandlungsideologie für den Hauptschuldigen bei der epidemiologischen Ausbreitung und Chronifizierung von Rückenschmerzen in den westlichen Industrienationen (Fordyce, 1995). In diesem Zusammenhang sei erneut betont, dass der gesellschaftlich-politischen Dimension vieler Schmerzstörungen, vor allem aber chronischer Rückenschmerzen, in Zukunft eine größere Aufmerksamkeit zukommen sollte.

Es wird davon ausgegangen, dass etwa 75 % der Bevölkerung mindestens einmal im Leben akute Rückenschmerzen erleidet. Einfache konservative Maßnahmen wie Wärme, Krankengymnastik oder auch der kurzzeitige Einsatz schmerzlindernder Medikamente führen dabei bei 90 % der Betroffenen innerhalb eines überschaubaren Zeitraumes zur Beschwerdefreiheit. Bereits 10 % der Betroffenen erfahren in diesem frühen Stadium ihres Leidens jedoch durch keine der angewendeten Methoden eine Erleichterung. Ausgehend von den 90 % derjenigen Menschen, denen mit o. g. Methoden Beschwerdefreiheit ermöglicht wird, bleiben nach erstmaliger Erkrankung jedoch nur 20 % tatsächlich langfristig schmerzfrei. 70 % zeigen im weiteren Verlauf eine rezidivierende Symptomatik. Dazu gehören neben gelegentlichen Rückenschmerzen mit nur geringer Beeinträchtigung auch länger und intensiver werdende Schmerzintervalle mit erhöhtem Chronifizierungsrisiko. Frauen und Männer sind etwa gleich häufig betroffen. Der Beginn der Beschwerden liegt meist im mittleren Lebensalter.

Was bezeichnet der Begriff nun im Detail? Kröner-Herwig (2000, S. 1) schreibt hierzu:

> „(...) Zunächst besagt er nicht mehr, als dass das Hauptsymptom Schmerz ist, der den Rücken betrifft. Zu etwa 70 % ist der Schmerz im Bereich des unteren Rückens (low back pain) lokalisiert. Die ärztlicherseits häufig benutzten Begriffe wie „Lumboischialgie", „LWS-Syndrom" oder „Lumbalgie" sind Synonyma, die trotz gegenteiligen Anscheins nicht über den rein deskriptiven Charakter der Störungsbezeichnung hinausgehen."

Akuten Rückenschmerzen liegen meist funktionelle oder auch degenerative Veränderungen im Muskel- oder Skelettbereich zu Grunde. Aus dem komplexen Aufbau eines Bewegungssegmentes ergeben sich eine Vielzahl gekoppelter Abläufe. Neben Wirbelgelenken und Bandscheiben spielen vor allem ein komplexes System haltender und stützender Muskeln eine große Rolle.

Grundsätzlich werden *radikuläre* von *nicht-radikulären Schmerzen* unterschieden. *Radikuläre Schmerzen* sind leichter zu diagnostizieren, v. a. wenn neurologische Anzeichen (Sensibilitätsstörungen, motorische Ausfälle, Reflexminderungen) Zu radikulären Schmerzen zählen beispielsweise Bandscheibenvorfälle, die zwar am bekanntesten sind, aber zahlenmäßig im Hintergrund stehen. Auch knöcherne Irritationen/Stenosen im Bereich des Spinalnervs oder fibrotische Verwachsungen nach einer Operation können Ursache radikulärer Schmerzen sein. Die einzelnen Veränderungen können auch in Kombination auftreten. Diese Aufzählung macht schon deutlich, dass radikuläre Schmerzen am ehesten somatisch erklärbar sind.

Nicht-radikuläre Schmerzen sind sehr viel häufiger als radikuläre. Sie werden als schlecht lokalisierbar, dumpf und tiefsitzend beschrieben, oft strahlen sie weiter in die Peripherie aus; neurologische Zeichen sind nicht erkennbar. Auch wenn die ärztliche Diagnose eindeutige somatische Zuschreibungen macht, ist die eigentliche Ursache doch sehr viel schwieriger festzustellen. Zu nicht-radikulären Schmerzen können degenerative Bandscheiben und Zwischenwirbelgelenke, funktionelle Störungen des Iliosakralgelenkes und muskuläre Dysbalancen mit so genanntem muskulären Hartspann beitragen. Schmerzen muskulärer Genese sind besonders empfänglich für psychische Spannungen, da in der Nackenmuskulatur und in den langen Rückenstreckern eine hohe Dichte an γ-Nervenfasern vorliegt. Diese unterliegen u. a. der Kontrolle der Formatio reticularis und können über psychische Anspannung aktiviert werden.

Ein häufig anzutreffender Terminus ist der *„unspezifische"* Rückenschmerz. Etwa 90 % aller Rückenschmerzen zählen hierzu. Bei ihnen können keine oder nur irrelevante pathologische Befunde erhoben werden (Fordyce, 1995). Die scheinbare Eindeutigkeit medizinischer Diagnostik und Intervention täuscht über diese grundlegende Diskrepanz jedoch hinweg. Die Begriffe nicht-radikulär und unspezifisch überschneiden sich, wenn die vermeintlichen Auslöser nicht-radikulärer Schmerzen nur korrelativ, nicht aber kausal mit den Symptomen im Zusammenhang stehen. Fälschliche Ursachenzuschreibungen sind bei nicht-radikulären Rückenschmerzen leider sehr häufig anzutreffen: Der Befund einer Bandscheibendegeneration, sogar einer Protrusion kann, muss aber nicht zu Schmerzen führen. Ein operativer Eingriff kann nun einerseits zwar zu einer Behebung der sichtbaren Veränderung führen, andererseits aber weder die radiologisch nicht sichtbaren muskulären Dysbalancen noch psychische Faktoren im Sinne erlernter Reaktionen modifizieren. Nicht selten stellen operative Eingriffe also weitere Schritte im Chronifizierungsprozess dar, insbesondere dann, wenn präoperativ nur unklare oder unspezifische Befunde vorlagen.

1.5.2 Chronische Kopfschmerzen

Die Kopfschmerzklassifikation der International Headache Society (IHS), basierend auf der ICD-10, unterscheidet auf der ersten Hierarchieebene primäre von sekundären Kopfschmerzen. Dabei beschreibt der Begriff primärer Kopfschmerz, dass die Kopfschmerzen als die Erkrankung selbst angesehen werden und nicht ein Symptom einer anderen Erkrankung darstellen. Sekundären Kopfschmerzen hingegen liegt eine anderweitige Erkrankung zu Grunde, deren Symptom u. a. Kopfschmerz sein kann. Sowohl Migräne als auch Kopfschmerzen vom Spannungstyp gelten als primäre Kopfschmerzen. In diese Kategorie fallen etwa 95 % aller Kopfschmerzbeschwerden.

Kopfschmerzen vom Spannungstyp

Kopfschmerzen vom Spannungstyp (KST) stellen einen Oberbegriff für unterschiedlichste Bezeichnungen und ätiologisch-pathogenetische Konzepte dar. So zählen hierzu sowohl Kopfschmerzen infolge muskulärer Dysfunktionen im Schulter-Nackenbereich als auch infolge psychosozialen Stresses, Angststörungen etc. (Bischoff et al., 1999). Der aktuelle Wissensstand über die pathophysiologischen und -psychologischen Mechanismen bei der Genese dieser Kopfschmerzen ist noch sehr unvollständig bis diffus. Als pathogenetisches Erklärungsmodell werden zum Beispiel innere und äußere Belastungen aufgeführt, die zu dysfunktionaler Muskelmehrarbeit und Muskelhartspann führen. Die Befundlage ist jedoch so widersprüchlich, dass einige Autoren die Unterscheidung zwischen KST und Migräne hinsichtlich des Ausmaßes perikranialer muskulärer Anspannung für nicht zulässig halten. In diesem Zusammenhang wird auch diskutiert, ob es sich bei beiden Störungen um eindeutig voneinander abgrenzbare Entitäten oder um eine Störungsdimension handelt. Bestehen bleibt jedoch die Annahme, dass im Prozess der Chronifizierung neben peripheren muskulären Mechanismen auch zentrale Funktionsstörungen der Schmerzhemmsysteme entstehen.

Die Schmerzen werden als drückend, nicht pulsierend und beidseitig beschrieben. Auch kann es vereinzelt zu Übelkeit, Lärm- oder Lichtempfindlichkeit kommen (definitionsgemäß höchstens eines dieser Symptome). Die somatische Behandlung von Kopfschmerzen vom Spannungstyp beinhaltet neben physio- und sporttherapeutischen Maßnahmen und alternativen Verfahren (Tens,

Akupunktur, Biofeedback) vor allem die medikamentöse Therapie. Es werden vor allem peripher wirkende Antidepressiva, peripher und zentral wirkende Muskelrelaxantien und tri- und tetrazyklische Antidepressiva verordnet. Bischoff et al. (1999) deuten in diesem Zusammenhang auf die oft mangel- bis fehlerhafte medikamentöse Behandlung der Patienten hin: Es werden inadäquate oder Medikamente in gesundheitsschädlicher Menge eingenommen. Kombinationspräparate mit Coffein oder Ergotaminpräparate erhöhen die Gefahr somatischer Schäden und Abhängigkeit. So ist der medikamenteninduzierte Dauerkopfschmerz phänotypisch nicht vom Spannungskopfschmerz zu unterscheiden. Auch das gleichzeitige Auftreten beider Formen ist prinzipiell möglich.

Migräne

Nach unterschiedlichen Schätzungen leiden etwa 2–6 % der Bevölkerung an Migräne. Es wird unterschieden zwischen Migräneanfällen mit und ohne Aura. Auch Hinweissymptome ein bis zwei Tage vor dem Anfall werden berichtet (verstärkte Aktivität, Heißhunger, Euphorie, Depressivität, Müdigkeit). Die Auraphase tritt etwa 30 bis 60 Minuten vor dem Anfall auf und kann neurologische Phänomene wie Seh-, Hör- oder Taststörungen der Haut umfassen. Seltener werden Sprachstörungen berichtet. Die akute Migräneattacke wird als einseitiger, pulsierender Kopfschmerz mit Licht-, Geräusch-, und Geruchsempfindlichkeit, Übelkeit und Erbrechen beschrieben. Diese Charakteristika müssen nicht notwendigerweise immer und bei jedem Patienten auftreten. Der Anfall selbst stellt eine Kettenreaktion verschiedenster biochemischer und vaskulärer Abläufe dar. Als Auslösefaktoren werden neben Überlastungen im Berufs- und Privatleben auch unregelmäßige Schlaf-Wachrhythmen, Wetterumbrüche und hormonelle Veränderungen z.B. durch Schwangerschaft/Geburt berichtet.

Unter Migräne wird eine komplexe Erkrankung verstanden, bei der biochemische, vaskuläre, zentralnervöse und psychologische Faktoren in unterschiedlicher Gewichtung beteiligt sein können. Migräne tritt oft schon im frühen Kindes- und Jugendalter auf, mit zunehmendem Alter vermehrt bei Frauen, als Erstmanifestation selten nach dem 40. Lebensjahr. Trotz der häufig berichteten familiären Häufung konnten Zwillingsstudien keinen eindeutigen Beleg für eine genetische Disposition erbringen.

In neueren Forschungen wurde die so genannte Hypersensibilitätshypothese mittels neurophysiologischer Untersuchungen überprüft. Es konnte gezeigt werden, dass Migränepatienten in einem Übermaß auf dargebotene Reize reagierten und weder akustisch noch visuell habituierten (Gerber & Schoenen, 1998). Hierin unterschieden sie sich deutlich von gesunden Probanden. Bei Migränekindern werden häufig Auffälligkeiten im Sinne affektiver und vegetativer Labilität beobachtet. Auch abdominelle Beschwerden, Schlafstörungen und Hyperaktivität werden berichtet (Gerber, 1999).

Befunde, die auf ein vermindertes neuronales Energiereservoir hindeuten, können diese Verhaltensbeobachtungen erklären (Gerber, 1999, S. 383):

> „(…) Gehen wir davon aus, dass Kinder mit Migräne womöglich auf Grund eines mitochondrialen Energiereservedefizits eine entsprechende homöostatische Regulation von Geburt an durch motorische Aktivität (…) durchführen, so erklärt sich das Verhalten der Kinder bereits im frühen Kindes- und Jugendalter als hypersensibel und hyperaktiv. Die Interaktionsbeobachtungen der Eltern in den Familien, aber auch die Beschreibung der Kinder durch die Eltern weist darauf hin, dass diese in einer bestimmten Art und Weise, nämlich selbstständigkeitshemmend, mit den Verhaltensauffälligkeiten ihrer Kinder nicht umgehen können (…)."

Dieses Zitat dokumentiert, dass es neben den somatischen Aspekten der Migräne vermutlich schon früh einsetzende psychosoziale Einflüsse auf das Migränegeschehen gibt. Zum anderen gibt es Hinweise darauf, dass die oben beschriebenen Hinweissymptome möglicherweise als Selbststimulation zur Einleitung eines Migräneanfalls angesehen werden können, um nach einer Phase übermäßigen Inputs zu einer Erholung des Gehirns, einem homöostatischen Gleichgewicht zu gelangen.

1.5.3 Entzündlich-rheumatische Erkrankungen: chronische Polyarthritis

Zu den rheumatischen Erkrankungen zählen mehr als 100 verschiedene Erkrankungen. Es werden dabei drei Formenkreise unterschieden: der entzündliche, der degenerative und der weichteil-rheumatische Formenkreis. Man bezeichnet die entzündlich-rheumatischen Erkrankungen auch als *Arthritiden*, wenn sie periphere Gelenke oder auch als *Spondylitiden*, wenn sie die Wirbelsäule betreffen. Sind sowohl periphere Gelenke als auch die Wirbelsäule betroffen, so spricht man von Spondarthritiden. Die häufigsten Erkrankungen sind die chronische Polyarthritis (Synonym: rheumatoide Arthritis) und der Morbus Bechterew unter den Spondylitiden. Entzündlich-rheumatische Erkrankungen umfassen aber auch entzündliche Bindegewebserkrankungen wie den systemische Lupus erythematodes und mikrobiell, also durch Bakterien hervorgerufene Gelenkentzündungen.

In Anbetracht der Häufigkeit der chronischen Polyarthritis (cP) wird sich die weitere Darstellung vorrangig mit diesem Krankheitsbild beschäftigen. Die Prävalenz der cP liegt bei etwa 1 % der erwachsenen Bevölkerung, was bei einer durchschnittlichen Krankheitsdauer von 20 Jahren einer Inzidenz von 1 Fall auf 2 000 Einwohner pro Jahr entspricht.

Das klinische Leitsymptom der cP ist die weiche, fluktuierende und schmerzhafte Gelenkschwellung, die sich oft zuerst im Hand- und oder Fußbereich symmetrisch manifestiert, aber prinzipiell jedes Gelenk betreffen kann. Trotz der Manifestation an den Gelenken muss die cP als entzündliche Allgemeinerkrankung angesehen werden, da sich im Blut die klassischen Entzündungszeichen nachweisen lassen. Die Patienten klagen zu Beginn der Erkrankung über Gelenkschmerzen, die typische Morgensteifigkeit der peripheren Gelenke, Schwellungen und diffuse Krankheitssymptome wie schnelle Ermüdbarkeit und Erschöpfung. Bei etwa 15 % der Patienten verläuft die Erkrankung unaufhaltsam fortschreitend und bösartig. Im Mittel verkürzt eine cP die Lebenserwartung um etwa 7 Jahre. Bei der Mehrzahl der Patienten allerdings wird ein remittierender Verlauf mit Phasen der Ruhe und erneuten Krankheitsschüben diagnostiziert. Eine kausale Behandlung der cP existiert bisher nicht. Die Behandlung muss also bemüht sein, den Krankheitsverlauf zu verlangsamen, die Beschwerden zu lindern und ungünstigen Entwicklungen, auch in emotionaler Hinsicht vorzubeugen. Die medikamentöse Behandlung beinhaltet Mittel zur Entzündungshemmung (nichtsteroidale Antirheumatika, Kortisonpräparate, langfristig wirkende Antirheumatika), es werden aber auch physio- und ergotherapeutische Maßnahmen ergriffen, um die Funktionalität im Alltag aufrecht zu erhalten. Seltener sind operative Gelenkeingriffe (prophylaktisch oder im fortgesetzten Stadium auch korrigierend) indiziert.

Psychorheumatologische Untersuchungen konnten die jahrzehntelang angenommene „Rheumapersönlichkeit" nicht erhärten, sie bleibt also ein Mythos. Da sich die Symptome der Erkrankung sowohl somatisch als auch psychisch manifestie-

ren und die Erkrankten oft jahrelange Maßnahmen anwenden, die den Krankheitsverlauf im besten Fall stabilisieren können, ist es nicht verwunderlich, dass etwa ein Drittel der Patienten depressive Symptome entwickeln. Starke Schmerzen und der progrediente und zeitlebens ungewisse Verlauf fordern den Patienten allerhöchste Anpassungsleistungen ab. In den letzten 10 Jahren wurden eine Reihe von Studien zur psychologischen Schmerzbehandlung bei cP (Biofeedback, Stressmanagement und Schmerzbewältigungstraining) veröffentlicht. Die Ergebnisse zeigen wesentliche Veränderungen vor allem in der verbesserten Selbsthilfe, des Copingverhaltens und einer gesteigerten Akzeptanz der unveränderlichen Krankheitssymptome. Schmerzreduktionen um 20 % durch die psychologische Intervention können auch durch intensive ärztliche Behandlung nicht übertroffen werden.

1.5.4 Fibromyalgie

Der Begriff der Fibromyalgie sollte deskriptiv verwendet werden, wie die „American Rheumatism Association" (ARA) empfiehlt, da unterschiedliche diagnostische Kriterien bisher nur zu geringer Übereinstimmung führen. So bleibt die Fibromyalgie eines der Krankheitsbilder, welches nach wie vor Rätsel aufgibt. Zur Ätiologie und Pathogenese ist bis heute recht wenig bekannt, gleichzeitig existieren viele kontroverse Erklärungsversuche. Konsens besteht allerdings darin, dass es sich um ein dynamisches und chronisches Schmerzsyndrom handelt und der Gruppe der myofascialen Syndrome zugeordnet werden sollte. Unklarheiten bestehen auch über die epidemiologische Verbreitung. Bezogen auf die nachfolgend skizzierten Kriterien des „American College of Rheumatology" (ACR) ist von einer Prävalenz von etwa 3 % der erwachsenen Bevölkerung auszugehen. Da aber nicht alle Patienten das vollständige Kriterienbild erfüllen, liegt die Prävalenz z. T. auch deutlich darüber. Frauen scheinen deutlich häufiger betroffen zu sein, der Störungsbeginn liegt meist gegen Ende des 3. bis in das 4. Lebensjahrzehnt hinein.

Die diagnostischen Kriterien des ACR haben bisher am meisten Verbreitung gefunden. Nach diesen Kriterien ist die Fibromyalgie als ein rheumatisches Syndrom mit zwei Hauptmerkmalen charakterisiert: Spontanschmerzen und der palpatorische Nachweis von multiplen hyperalgischen Zonen („Trigger Points"). Neuere strukturelle Untersuchungen konnten bisher jedoch keine ausreichenden Zusammenhänge zu den klinischen Befunden der Trigger Points (Triggerpunkte), der Tenderness (Empfindlichkeit), Taut band (verhärteter muskulärer Strang), Local twitch respond (lokale Muskelzuckungsantwort) und Referred pain (übertragener Schmerz) erbringen (Nix, 2002). Es lassen sich allerdings sowohl in der muskulären und neurologischen Peripherie als auch zentral Veränderungen aufzeigen, die aber bisher nicht als spezifisch für Fibromyalgie gedeutet werden können. Es besteht also weiterhin erheblicher Forschungsbedarf, um zwischen Primär- und Epiphänomenen unterscheiden zu können.

Im Gegensatz zu diesen rein somatischen Kriterien steht die Auffassung der Fibromyalgie als funktioneller Störung. Der gegenwärtige Forschungsstand auf biopsychosozialer Ebene erbrachte eine hohe psychische Komorbidität von 60–70 % vor allem mit Angst- und depressiven Störungen. Aus kognitiv-behavioraler Perspektive werden die Beschwerden der Fibromyalgiepatienten vor allem als Folgen einer jahrelangen chronischen Schmerzerkrankung mit nur geringen Behandlungserfolgen diskutiert. Aus psychodynamischer Perspektive werden die Folgen früher Bindungsstörungen beschrieben: Frühe Stresserfahrungen in Kindheit- und Jugend seien signifikant erhöht, anamnestisch seien hier vor allem Missbrauchserfahrungen, Misshandlungen und Vernachlässigung durch primäre Bezugspersonen abzuklären. Psychobiologische Studien erbrachten eine Einschränkung der Stressverarbeitungssysteme (Nix, 2002). Diese Dysfunktionen werden vor allem im Zusammenhang mit frühen Bindungsstörungen (d. h. in den allerersten Lebensjahren) diskutiert. Auf Grund inadäquaten Bindungsverhaltens der primären Bezugspersonen entwickelt sich eine erniedrigte Stressschwelle und eine eingeschränkte Stressdämpfung, beides steht im Kontext erhöhter Vigilanz, Leistungsorientierung und Überanpassung an die Erwartungen anderer. Dies verstärkt wiederum das Stresserleben und -verhalten.

Da die zu Grunde liegenden pathophysiologischen Prozesse und Mechanismen der Chronifizierung bisher noch nicht geklärt sind, werden die Patienten ausschließlich symptomatisch behandelt (medikamentös und physikalisch). Psychopharmaka werden von den Patienten oft sehr schlecht vertragen (Egle, Ecker-Egle, 2002). Medikamentenabhängigkeit ist allerdings nicht selten. Es finden sich meist Abhängigkeiten von Opioidanalgetika, Muskelrelaxantien und Sedativa (Eberhardt, 2002). Die Erfolgsquote dieser Behandlungsbemühungen

liegt allerdings nicht sehr hoch (max. 50 % in einer retrospektiven Studie von Perrini, 1985). Therapieerfolgsindikatoren ließen sich bisher kaum identifizieren, so dass das ärztliche Vorgehen nicht selten von Polypragmasie gekennzeichnet ist. Ohne an dieser Stelle in Schuldzuschreibungen zu münden, könnte diese diagnostische und therapeutische Unsicherheit auch als iatrogener Faktor im Chronifizierungsprozess eine Rolle spielen.

1.6 Zum Problem medikamentöser Behandlung und medikamentöser Abhängigkeit

Sowohl die ICD 10 als auch das DSM IV klassifizieren Medikamentenmissbrauch und Medikamentenabhängigkeit annähernd gleich lautend als „Psychische und Verhaltensstörungen durch psychotrope Substanzen" (ICD 10) bzw. als „Störungen im Zusammenhang mit Psychotropen Substanzen" (DSM IV). Als Hauptmerkmal einer Substanzabhängigkeit gilt „ein charakteristisches Muster kognitiver, verhaltensbezogener und physiologischer Symptome, die anzeigen, dass das Individuum den Substanzgebrauch trotz einschneidender substanzbezogener Probleme fortsetzt" (DSM IV).

An beiden Klassifikationssystemen wird kritisiert, dass es die Substanzabhängigkeit nur als selbstinitiiertes Verhalten des Patienten, aber nicht auch als iatrogen verursachte Problematik schildert. Nicht selten trägt die Verschreibungspraxis vieler Ärzte erheblich zur Störungsgenese bei. Bei der Entwicklung einer Substanzabhängigkeit müssen drei Faktoren betrachtet werden. Zum Ersten das jeweilige Medikament mit seinem spezifischen Missbrauchspotenzial. Zum Zweiten das Individuum mit seiner momentanen Situation („innere Griffnähe") und zum Letzten der Umwelteinfluss, der diese „innere Griffnähe" verstärken oder abschwächen kann. Auf den letzten Punkt soll in der Darstellung verzichtet werden, da er im Rahmen dieser Therapieprogramms eher einen untergeordneten Stellenwert hat.

1.6.1 Pharmakopsychologische Bedingungen

Zu den abhängigkeitsgefährdenden Substanzen im Kontext medikamentöser Schmerztherapie zählen vor allem die Gruppen der zentral dämpfenden und zentral erregenden Medikamente. Da von ihnen Wirkungen auf das Erleben und Verhalten ausgehen, können sie in Wechselwirkung mit den nachfolgend beschriebenen Aspekten die bereits erwähnte „innere Griffnähe" erhöhen. Zu den zentral dämpfenden Mitteln zählen analgetisch wirksame Substanzen vom Opiattyp, Barbiturate und Benzodiazepine und verwandte Stoffe. Zu den zentral erregenden Substanzen zählen viele Analgetika, die in Kombination mit Coffein dargeboten werden. Sie wirken peripher schmerzlindernd und zentral erregend. Sie erhöhen somit die Wachheit und haben Einfluss auf Stimmung und Aktivitätsniveau. An dieser Stelle sei nochmals das Problem medikamenteninduzierter Dauerkopfschmerzen erwähnt, welche auch durch regelmäßigen Gebrauch von frei verkäuflichen Monopräparaten wie Acetylsalizylsäure (z. B. Aspirin®) oder Paracetamol hervorgerufen werden können (Stiftung Warentest 1993, mehr als 10 Tabletten pro Monat).

Neben Analgetika werden bei chronischen Schmerzpatienten häufig auch Psychopharmaka eingesetzt. Sie sollen zum einen die schmerzbedingten psychophysischen Beeinträchtigungen wie gedrückte Stimmung oder relevante Komorbiditäten mindern. Zum andern werden sie eingesetzt, um die analgetische Wirkung zu unterstützen. So kann beispielsweise ein Beruhigungsmittel vom Benzodiazepintyp (z. B. Diazepam: Valium®) neben seiner anxiolytischen Wirkung auch eingesetzt werden zur allgemeinen Sedierung oder zur Muskelrelaxation. Eine Dauermedikation mit Präparaten dieser Stoffgruppen ist aus medizinischer und psychologischer Sicht absolut kontraindiziert. Weitere Ausführungen zu Schmerzmedikamenten werden im Kapitel 4.2 beschrieben. Hier können kurze Informationen über derzeit häufig verwendete Präparate und Wirkstoffe nachgelesen werden.

1.6.2 Individuelle Bedingungen

Zu den individuellen Faktoren zählen vor allem ungünstige Kausal- und Kontrollattributionen, geringe Selbstwirksamkeitsüberzeugungen und Vermeidungsverhalten, ein spezifisches Konsumverhalten, gekoppelt mit einer verstärkten Leistungsorientierung. Auf die einzelnen Faktoren soll kurz eingegangen werden.

Ungünstige Kausal- und Kontrollattributionen liegen dann vor, wenn die Schmerzen überwiegend auf erkrankte Organe/Körperteile kausal attribuiert werden und nur in geringem Maß eine internale Kontrolle anerkannt wird: „Ich habe solche Schmerzen, weil meine Bandscheiben nicht mehr in Ordnung sind." Wenn bei chronischen Schmerzpatienten aber ein biopsychosoziales Bedingungsgefüge zur Aufrechterhaltung der Schmerzen beiträgt, so trägt eine nur auf medizinische Interventionen gerichtete „Heilserwartung" des Patienten zur Chronifizierung und Medikamentenabhängigkeit bei. In diesem Zusammenhang spielen auch geringe Selbstwirksamkeitserwartungen eine Rolle. Überzeugungen wie „Egal was ich tue, nichts hilft gegen meine Schmerzen!" stellen Hilflosigkeitsgedanken dar und begünstigen die Inanspruchnahme von Medikamenten und medizinischer Interventionen. Letztere Kognitionen führen in der Regel zu Vermeidungsverhalten, um der aversiven Schmerzsituation nicht mehr ausgesetzt zu sein. Bezogen auf den Gebrauch von Analgetika kann dies z. B. eine prophylaktische bis hin zu einer völlig verselbstständigten Einnahme bedeuten.

Das Konsumverhalten von Schmerzpatienten ist auch dann abhängigkeitsbegünstigend, wenn bei geringer internaler Kontrollerwartung ein „Anrecht auf Wohlbefinden" postuliert wird. Der „Griff zur Tablette" erscheint dann selbstverständlich. Er erscheint besonders zwingend, wenn der Patient ein gesteigertes Leistungserwarten von sich hat.

Kapitel 2

Hypnose

Ein kurzer Blick auf die Entwicklungsgeschichte des Menschen zeigt, dass Menschen schon früh hypnotische Erfahrungen suchten und ihnen im sozialen Alltagsgeschehen eine erhebliche Rolle beimaßen. In prähistorischen Epochen beginnend, erreichte die Hypnose erste Höhepunkte in Mesopotamien in der Mitte des 3. Jahrtausends vor Christus, des Weiteren im prädynastischen und dynastischen Ägypten.

In einem berühmt gewordenen Papyrus, welches der Ägyptologe Georg Moritz Ebers 1873 in Luxor kaufte, finden sich eindeutige Hinweise, dass hypnotische Techniken bereits in der Frühzeit Ägyptens in der Heilkunst Anwendung fanden. Die umfangreiche Papyrusrolle (etwa 20 m lang) weist nämlich Worte auf, die zur Zeit der Abschrift des Papyrus (etwa 1550 v. Chr.) schon lange nicht mehr im Sprachgebrauch waren. Dies gilt als Beweis für eine sehr viel ältere Originalquelle. Mittels suggestiver Formeln teils unverständlicher Worte in Verbindung mit Heilsteinen und Talismanen wurde der Patient auf die Heilrituale vorbereitet.

Im Asklepionkult in Griechenland (1200–800 v. Chr.) und unter Galen aus Pergamon (129–199 n. Chr.), auch im byzantinisch-römischen Kulturkreis (Jovanović in: Revenstorf, 1993) spielte die Hypnose eine herausragende Rolle. Interessant sind die bereits in dieser Zeit einsetzenden Forschungsbemühungen. Während im griechischen Asklepionkult die suggestive Wirkung des Tempelbereiches und der so genannte Tempelschlaf auf die mehrere Tage verweilenden Patienten noch relativ unspezifisch heilende Wirkungen entfaltete, begann der griechische Arzt Galen aus Pergamon, gezielte Präschlafsuggestionen einzusetzen: Die Patienten erhielten die direkte Anweisung, ein spezifisches Thema zu träumen, das ihnen dann ein Heilmittel anbot. In moderner Terminologie würde man von einer hypnotischen Traumsuggestion sprechen.

Tranceerfahrungen dienten zu Beginn menschlicher Kulturentwicklung vor allem der gegenseitigen spirituellen Versicherung und sozialen Stabilisierung in einem natürlichen Umfeld, welches durch mannigfaltige Bedrohungen gekennzeichnet war. Vor allem die Furcht vor dem existenziellen Ausgeliefertsein an magische Mächte ließ hypnotische Trancerituale entstehen, die in den so genannten Naturvölkern noch heute ihren festen Platz haben. In der weiteren Entwicklung wurden hypnotische Zustände recht bald auch in (schamanistischen) Heilungsritualen zu therapeutischen Zwecken eingesetzt. In der großen paläolithischen Höhle von Lascaux in Südfrankreich findet sich beispielsweise das etwa 14 000 Jahre alte Bild eines Schamanen mit Vogelmaske, der lang hingestreckt in Trance daliegt, während neben ihm ein Vogel auf seinem Schamanenstab sitzt. Interessant ist nun die Tatsache, dass die Schamanen Sibiriens bis auf den heutigen Tag Vogelmasken oder -kostüme tragen (Campbell, 1991).

Einen sehr praktischen Zugang zum Verständnis ritueller Körperhaltungen erforschte die Ethnologin Felicitas Goodman, indem sie die Körperhaltungen ritueller Darstellungen „nachstellte" und mittels rhythmischer Begleitung den Zugang zu hypnotischen Trance und „religiösen Erlebnissen" eröffnete. Dabei wurden Darstellungen von Körperhaltungen aus allen Menschheitsepochen vom Aurignacien (Venus von Laussel, vor etwa 28 000 Jahren) über Abbildungen des auferstehenden Osiris (etwa 3000 v. Chr., Ägypten) und Darstellungen aus dem vorklassischen Griechenland (z. B. Kouros von Anavysos, 525 v. Chr.) in Trance inhaltlich wieder mit Leben erfüllt (Goodman, 92).

Interessanter Weise finden sich jedoch auch in christlicher Zeit und Kultursphäre vielerlei Hinweise auf magisch-religiöse Praktiken mittels hypnotischer Zustände. So trieben „Mönche" von bösen Geistern besessenen Mitmenschen die Dämonen aus oder heilten sie von Krankheiten, indem sie ihnen Suggestionen, z. B. Heiligennamen ins Ohr flüsterten (Jovanović in: Revenstorf, 1993). Allein das Betreten des Gotteshauses reichte aus, um die „Besessenen" in Trance fallen zu lassen.

Zusammenfassend können wir konstatieren, dass Hypnose sowohl in schamanistischen Ritualen als auch in unserem säkularisierten Gesundheitswesen in einem Spannungsfeld zwischen psychischen und somatischen Vorgängen, zwischen rationalem Verstehen und irrationalem Glauben angewandt wird. Bis in heutige Zeit entzieht sich das Phänomen „Hypnose" einer allseits akzeptierten, eindeutigen Klärung, gar einer Definition. Revenstorf (1993, S. 103) schreibt dazu:

> „Keine der beiden Orientierungsformen, Imagination und die rationale Analyse, scheint den Möglichkeiten der menschlichen Informationsverarbeitung allein gerecht zu werden. Dort, wo die Logik versagt oder etwa im zwischenmenschlichen Bereich problematisch wird, kann die Vorstellung helfen, andere Lösungen zu finden.
>
> Hypnose ist vielleicht nichts anderes als ein Weg, diesen kreativen Prozess zu erleichtern. Damit ist sie eine Therapieform, die die argumentativen und die übenden Verfahren sinnvoll ergänzt."

2.1 Veränderungen unter Hypnose

Hypnose und hypnotische Phänomene können auch unter wissenschaftlicher Perspektive recht weit definiert werden; gerade in der Nach-Erickson-Tradition scheint es geboten, einer Überinklusivität der Begriffe vorzubeugen. Milton Erickson gilt weltweit als einer der bekanntesten und wichtigsten Vertreter der klinischen Hypnosetherapie. Die von ihm entwickelte Therapieform ist überaus kreativ und kaum in Schemata zu bringen. So umfassen seine Interventionen auch Methoden, die nicht unter hypnotischen Techniken eingeordnet werden können. Barber (1988, zit. nach Bongartz et al., Kap. 8) kritisiert, dass die Grenzen zwischen Hypnose und Wachzustand in „Erickson'scher Therapie" gänzlich verschwimmen. Das Angebot widersprüchlicher Theorien und Definitionen ist groß, und so soll zunächst der Versuch unternommen werden, sich den zentralen Begriffen Hypnose, Trance, Suggestion und Suggestibilität auf empirischem Wege zu nähern. Weiterhin soll geklärt werden, wie sich hypnotische Zustände von anderen, phänomenologisch ähnlichen Zuständen unterscheiden lassen.

Das äußere Erscheinungsbild eines Patienten in Hypnose gleicht meist einem Zustand des Schlafes. Die Augen sind geschlossen, der Atem geht ruhig und vertieft (Bauchatmung), die Bewegungen sind verlangsamt. Da er sich nur in einem schlafähnlichen Zustand befindet, kann er auf Fragen des Therapeuten antworten, jedoch meist leise und ebenfalls verlangsamt. Nach dem Ende der Trance scheint der Patient sich erst im Hier und Jetzt wieder zurecht finden zu müssen, ebenfalls ein schlafähnliches Phänomen. Trancezustände sind durch Veränderungen gekennzeichnet, die wir nun detailliert beschreiben wollen.

2.1.1 Subjektive Veränderungen in Trance

Zu den subjektiven Veränderungen unter Trance zählen die Einengung der Aufmerksamkeit, spontane Veränderungen in der Körperwahrnehmung, „trance logic" (d. h. eine erhöhte Toleranz gegenüber logischen Widersprüchen), eine verbesserte Imaginationsfähigkeit (d. h. visuelle Vorstellungskraft), eine verzerrte Zeitwahrnehmung und abschließend spontanere und leichter zugängliche emotionale Reaktionen und verbesserter Dissoziation (Bongartz & Bongartz, 1998). Dissoziation bedeutet in diesem Zusammenhang das „Abtrennen, Abspalten, Nicht-Wahrnehmen" von inneren oder äußeren Reizen, aber auch von Bewusstseinsinhalten. Auf die Möglichkeiten der Dissoziation unter Hypnose werden wir unter 2.3.1 (S. 29) noch weiter eingehen.

2.1.2 Objektive Veränderungen in Trance

Zu den objektiven, physiologisch messbaren Veränderungen zählen vor allem neurophysiologische und kardiovaskuläre Parameter. So finden sich in bestimmten Frequenzbändern des EEG (Theta-Wellen) verstärkte Aktivitäten. Eine überaus kontroverse Diskussion findet aktuell hinsichtlich der Alpha-Wellenaktivität statt. Nachdem bilateral durchgeführte Untersuchungen zu keinem abschließenden Ergebnis kamen, wurde und wird weiterhin der Hypothese nachgegangen, ob es sich um verstärkte rechtshemisphärische Alpha-Aktivität unter Hypnose handele. Die bisher mangelnde Bestätigung für die Dominanz rechtshemisphärischer Prozesse konnte bei Verwendung anderer als EEG-Variablen sehr wohl bestätigt werden (vgl. a. a. O., S. 20 ff.). Einige Studien konnten den Einfluss von Hypnose auf kognitive Mechanismen wie der Aufmerksamkeitsverteilung mittels evozierter Potenziale nachweisen (a. a. O.).

Eindeutigere Nachweise gibt es vor allem für Veränderungen autonomer Funktionen: Durch die

Dämpfung des sympathischen Erregungsniveaus kommt es zu einer Abnahme der Atemfrequenz, der Herzschlagrate und einer Verringerung des systolischen Blutdrucks. Außerdem finden sich eine reduzierte Aufnahmebereitschaft für externe Reize durch eine Verringerung elektrodermaler Reaktionen, eine Erhöhung der Körpertemperatur, eine Senkung der Muskelaktivität mittels elektromyographischer Messung. Werden in Trance allerdings belastende Gefühle oder Erinnerungen aktiviert, so reagiert der Patient auch durch einen Anstieg im autonomen System (Hughes & Bowers, 1987 zit. nach Bongartz et al., 1998). Trancezustände gehen also nicht automatisch mit Entspannung einher.

Lässt sich Trance/Hypnose gegen andere Bewusstseinszustände abgrenzen? Wie oben angesprochen, wirken Personen in Trance schlafähnlich. Schlaf lässt sich jedoch eindeutig von Trance abgrenzen, wenn beispielsweise die jeweiligen EEG-Muster verglichen werden. Schon Hull (1933) wies darauf hin, dass die Reflexaktivität unter Hypnose bei Weitem nicht so stark reduziert sei wie im Schlaf.

Die Abgrenzung zu Entspannungszuständen fällt schon weit weniger leicht. Vergleicht man die o. g. physiologischen Parameter in beiden Zuständen, so finden sich keine Unterschiede. Diese Vergleichbarkeit gilt für die Hypnose allerdings nur dann, wenn nach der Induktion keine weiteren Suggestionen gegeben werden, es sich also um eine selten angewendete „neutrale" Hypnose handelt. Entspannung ist nicht per se ein definierendes Merkmal eines hypnotischen Zustandes, denn die körperlichen Reaktionen sind abhängig von der in der Trance erlebten „inneren Realität". Handelt es sich beispielsweise um eine entspannende Szene, so werden die körperlichen Reaktionen andere sein als beim Wiedererleben eines konflikthaften Erlebnisses in der hypnotischen Altersregression (trophotrope- vs. ergotrope autonome Reaktionen). Ein bedeutsamer Unterschied besteht jedoch in der Trainierbarkeit beider Zustände. Autohypnotische Entspannung und Autogenes Training können trainiert werden, das Ausmaß der individuellen Suggestibilität kann mittels Training nicht beeinflusst werden, da es sich um ein stabiles Persönlichkeitsmerkmal handelt (Hilgard, 1965).

Vom Wachzustand soll sich, laut Erwartung vieler Laien, Hypnose vor allem dadurch unterscheiden, dass ihre körperlichen oder geistigen Fähigkeiten unter Hypnose gesteigert würden und ihre Entscheidungsfreiheit und moralische Urteilskraft vermindert würden. Diese laienhaften Erwartungen an Hypnose können jedoch empirisch nicht bestätigt werden. Während für ersteres ein motivierender Versuchsleiter ausreichte, sei hinsichtlich der moralischen Urteilskraft an die in den sechziger Jahren kontrovers diskutierten Milgram-Experimente (Milgram, 1965) erinnert, bei denen Testpersonen im Wachzustand zu schier unvorstellbar quälenden Verhaltensweisen allein durch Forderungen der Testleiter (autoritativer Einfluss) bereit waren.

2.2 Begriffsbestimmungen

Um Missverständnissen vorzubeugen, sollen die grundlegenden Begriffe in der Hypnoseforschung noch einmal kurz dargestellt werden, da es nach wie vor zu kontroversen Diskussionen und nicht selten Unklarheiten kommt. Zur begrifflichen Klarheit sei also angemerkt, dass unter *Hypnose* die Induktion und Nutzung, also ein Prozess verstanden wird. Anders formuliert: Hypnose bezeichnet eine Methode, um in einen veränderten Bewusstseinszustand zu gelangen. Dieser veränderte Bewusstseinszustand wird auch *Trance* genannt. Die typischen subjektiven Veränderungen (s. o.) sind gekennzeichnet durch:
– Einengung der Aufmerksamkeit
– Veränderungen in der Körperwahrnehmung
– Trance-Logik
– verbesserte Imaginationsfähigkeit
– verzerrte Zeitwahrnehmung
– erhöhte Emotionalität
– verbesserte Dissoziation

Trance lässt sich jedoch nicht nur mittels verbaler Hypnoseinduktion erreichen, sondern auch durch eine Vielzahl anderer Verfahren wie z. B. stereotyper Tanzbewegungen zu monotonen Rhythmen und Klängen[1] (Revenstorf, 1993, S. 110).

Hier wird deutlich, dass Suggestibilität ein aktiver Prozess des Patienten ist (Langen, 1972):

„Jede Heterohypnose ist gleichzeitig eine Autohypnose."

---

1 Ein bekanntes Beispiel sind die Trancezustände der „tanzenden Derwische" des islamischen Sufismus in der Türkei (Mevlana-Orden, Konya).

Exkurs: Autohypnose

Bereits **Oskar Vogt** (1870–1959), der Begründer der wissenschaftlichen und „neuen" Hypnose in Deutschland begann damit, seine Patienten systematisch darin zu trainieren, sich eigenständig in den hypnotischen Zustand zu versetzen (Halama, 2001). Damit förderte er die Unabhängigkeit des Patienten vom Therapeuten. Bereits gegen Ende des 19. Jahrhunderts beobachtete eine Forschergruppe um Vogt die positiven Wirkungen erfolgreicher Selbsthypnose, z. B. eine Steigerung des Selbstvertrauens und eine allgemein verbesserte Leistungsfähigkeit. Die spezielle, von Vogt entwickelte Methode der „fraktionierten Selbsthypnose" soll an dieser Stelle nicht näher erläutert werden (a. a. O.). Vogt zählt als Wegbereiter der „neuen" Hypnose in Deutschland, da er die Patienten in der Fremdhypnose führen ließ, im Gegensatz zu der damals noch üblichen Praxis des imperativen Umgangs.

Die Autosuggestion von **Emil Coué** (1857–1926) kann als Vorläufer des Autogenen Trainings beschrieben werden. Coué selbst sprach von Anleitungen zur „Selbstmeisterung". Er erkannte frühzeitig, dass der Hypnotiseur im Patienten lediglich eine starke Vorstellung der beabsichtigten Wirkung erzeuge, der Patient diese Vorstellung aber in Form von Selbsthypnose selbsttätig verwirkliche (Revenstorf, 1993).

Aus den Erfahrungen des 1. Weltkriegs mit so genannten Kriegsneurotikern, also schwer traumatisierten Soldaten, entwickelte **Johannes H. Schultz** (1884–1970) ein Verfahren zur positiven Selbstbeeinflussung, das Autogene Training (Schultz, 1932). Auch hierbei erlernen die Patienten nach systematischen Übungseinheiten die „konzentrative Selbstentspannung". Schultz bezeichnete sein Vorgehen unter anderem auch als „passive autohypnotische Methode" (a. a. O.).

Vergleichbare Unstimmigkeiten wie bei den Begriffen Hypnose und Trance bestehen auch bei der Verwendung der Begriffe *Suggestion* und *Suggestibilität*. Während einige Forscher Suggestionen nur als Werkzeug verstehen, um Hypnose durchführen zu können (zur Tranceinduktion), verstehen andere sie als eigentliches Erklärungsprinzip. Wie oben bereits beschrieben, ist eine verbesserte

Vorstellungskraft eines der herausragenden Merkmale hypnotischer Trance. Andererseits korreliert eine gute Vorstellungskraft im Wachzustand positiv mit dem Ausmaß der Suggestibilität eines Menschen. So versteht Tellegen (1987, zit. nach Revenstorf, 1993) die Hypnotisierbarkeit als Fähigkeit, suggerierte Ereignisse und Zustände imaginativ auszuschmücken, und zwar in so plastischer Weise, dass diese als real erlebt werden. Unter *Suggestibilität* soll im Weiteren also die unveränderliche, nicht trainierbare Fähigkeit eines Menschen verstanden werden, sich auf Suggestionen einerseits einzulassen, um in Trance zu gelangen und andererseits die Fähigkeit, in Trance auf Suggestionen aktiv zu reagieren.

Nicht jeder Mensch spricht auf eine Hypnoseeinleitung mittels Suggestionen gleichermaßen gut an. Die Hypnosefähigkeit kann mittels Hypnoseskalen klinisch getestet werden. Die gebräuchlichste Skala stellt die von Weitzenhoffer und Hilgard entwickelte Stanford Hypnotic Susceptibility Scale (SHSS, 1959) dar. Um eine hohe Übereinstimmung zwischen verschiedenen Versuchsleitern zu gewährleisten, wird das beobachtbare Verhalten beurteilt. Nach einer Hypnoseinduktion werden Testsuggestionen vorgegeben, deren Ausführung bewertet wird. Das Ergebnis ermöglicht eine Zuordnung des Patienten in die Gruppe der Hoch- vs. Niedrigsuggestiblen. Diese Unterscheidung ist von größter klinischer Relevanz, da nur Mittel- bis Hochsuggestible von hypnotischen Interventionen profitieren können. Einen Nachweis konnte Helen Crawford (2002) mittels bildgebender Verfahren erbringen. Sie ging der Frage nach, warum nur mittel- bis hochsuggestible Patienten hypnotische Analgesie erfolgreich einsetzen können. Schlussfolgerungen aus einer Reihe von Studien unterstützen die Hypothese, dass dem Frontalhirn, und damit der Fähigkeit zur Aufmerksamkeitsfokussierung bei der hypnotischen Analgesie eine bedeutende Rolle zukommt.

Die Suggestibilität gilt als normalverteiltes Merkmal, welches durch eine hohe Retestreliabilität von über .90 gekennzeichnet ist (Hilgard, 1965).

2.3 Hypnosetheorien

Der Darstellung aktueller Hypnosetheorien sei vorangestellt, dass alle Erklärungsversuche sich dem Phänomen bisher nur mehr oder minder gut nähern, ohne es gänzlich zu verstehen. Revenstorf (1993, S. 85) schreibt dazu:

„Die Hypnose stellt (…) einen Kontrapunkt zu unserer Vernunftgläubigkeit dar und ergänzt unser Weltbild in ähnlicher Weise, wie die Persönlichkeit nach C. G. Jungs Auffassung durch ihre Schattenseiten ergänzt wird – indem die verleugneten Aspekte gerade auf die Schwächen und auf die Aussparungen in dem zur Schau getragenen Bild hinweisen. (…) Die Hypnose benimmt sich quasi wie ein Clown in der empirischen Forschung."

Theoretische Kontroversen wurden vor allem zwischen dem Lager der Zustands- und ausgewiesenen Lerntheoretiker (v. a. Hilgard, 1974) und den Nicht-Zustandstheoretikern (z. B. Spanos, 1991, Kruse, 1987) geführt. Der Diskurs beschäftigt sich mit der grundlegenden Frage, ob Hypnose einen besonderen Bewusstseinszustand darstellt oder ob es sich nur um eine besondere Form der sozialen Interaktion und Wahrnehmungskonstruktion handelt. Nachfolgend sollen diejenigen theoretischen Ansätze beschrieben werden, die für das Manual von besonderer Bedeutung sind. Auf die Darstellung weiterer Theorien wurde der Überschaubarkeit wegen verzichtet; sie können aber in den von Lynn und Rhue veröffentlichten „Theories of Hypnosis" (1991) und bei Kossak (1998) vertieft werden. Die theoretische Betrachtung beginnt mit dem Phasenmodell von Weitzenhoffer (1953). Darauf folgen in fast chronologischer Reihenfolge die Neodissoziationstheorie des Lerntheoretikers Hilgard (1974), die kognitive Selbstorganisationstheorie von Kruse und Gheorghiu (1987) und die Ansätze der Netzwerktheorie (u. a. Anderson, 1980). Gleichzeitig soll in der Darstellung der Theorien eine Beziehung zu Erklärungsansätzen chronischer Schmerzen hergestellt werden.

2.3.1 Das Hypnosemodell von André Weitzenhoffer

Weitzenhoffer (1953) postuliert in seinem Modell drei voneinander getrennte Prozesse, die auch als Phasenabfolge von der Induktion bis zur vollkommenen Trance beschrieben werden können (vgl. Kossak, 1993). Diese Phasen nennt er *Selbsterzeugung*, *Suggestibilitätsgeneralisierung* und *Bewusstseinseinschränkung*.

• Selbsterzeugung

Dieser Begriff bezeichnet die erhöhte Reaktionsbereitschaft gegenüber einer Suggestion, wenn bereits die kleinste Reaktion in Richtung einer Suggestion von weiteren derartigen Suggestionen

beantwortet und verstärkt wird. Diesem Vorgehen liegen neuropsychologische Erklärungsansätze zu Grunde. Eine nur vorgestellte Muskeltätigkeit bewirkt eine minimale neurale Stimulation (γ-Nervensystem). Wird diese durch wiederholte Suggestion intensiviert, erhöht sich die Wahrscheinlichkeit für die vollständige motorische Ausführung. Wird die suggerierte Bewegung tatsächlich ausgeführt, so wird sie als nicht willentlich gesteuert wahrgenommen. In dieser Phase sind Wiederholungen der Suggestionen besonders wichtig, um den Klienten bei der Aufmerksamkeitsfokussierung zu unterstützen.

• Suggestibilitätsgeneralisierung

In dieser Phase spielen allgemeine Lernprinzipien eine wichtige Rolle. Zunehmende Selbsterzeugung (s. o.) führt im Sinne einer Reizgeneralisierung kontinuierlich in den Zustand der Hypnose (Trance). Durch die fortwährende Unterstützung des Therapeuten gelingt es dem Klienten, auch komplexere Situationen als Hinweisreize für den Übergang in die Hypnose zu erlernen.

• Eingeschränktes Bewusstsein

Beide vorangegangenen Phasen bewirken im Klienten eine spezifische Aufmerksamkeitseinengung und -fokussierung. Bei wachem Bewusstsein kommt es zu den nochmals zusammengefassten kortikalen Veränderungen:
– einer Verringerung zerebraler Aktivität,
– einer Zunahme der Alphaaktivität bei Ruhesuggestionen,
– eine tendenziell stärkere rechtshemisphärische Aktivitätszunahme, v. a. bei Hochsuggestiblen unter visuellen Instruktionen,
– eine Bevorzugung frontaler gegenüber okzipitaler Verarbeitung,
– bewusste Vorgänge treten immer mehr in den Hintergrund und führen kontinuierlich in den Zustand totaler Dissoziation.

In der hypnotischen Dissoziation erlebt der Patient eine Abspaltung vom Wachbewusstsein. Die hypnotische Dissoziation des schmerzenden Körperteils stellt einen solch parziellen Abspaltungsprozess dar, der am leichtesten bei gut lokalisierbaren Schmerzen zu erzielen ist. In dem der Patient z. B. seinen Arm oder die gesamte untere Körperhälfte oder bei schwer lokalisierbaren Schmerzen den ganzen Körper in Trance „verlässt" und diesen aus einer gewissen Distanz betrachtet, sind die mit diesem Körper(-teil) verbundenen Schmerzen der

Wahrnehmung nicht mehr zugänglich oder werden nicht mehr als zum Selbst zugehörig empfunden. Man kann den Patienten ferner anleiten, die dissoziative Distanz zu vergrößern und den Körper imaginativ an anderen Orten angenehme Dinge erleben zu lassen. Dies kann verknüpft werden mit zeitlicher Regression, d. h. der Patient hält sich in Trance an Orten in der Vergangenheit auf, an denen er auch in der Realität frei von Schmerzen war und sich sehr entspannt und wohl fühlte.

2.3.2 Neodissoziationstheorie

Die *Neodissoziationstheorie* Hilgards stellt eine Weiterentwicklung der *Dissoziationstheorie* Pierre Janets (1859–1947) dar. Er prägte den Begriff „Dissoziation" und bezeichnete damit die Möglichkeit, mittels Hypnose eine Trennung von biologischen und physiologischen, von bewussten und unbewussten Systemen zu erreichen. Er nahm an, dass Hypnose zu einer zentralnervösen synaptischen Reizblockade führe, infolgedessen sensorische von motorischen Zentren getrennt voneinander arbeiteten. Ausgangspunkt seiner Forschungen war seine Kritik am methodischen Vorgehen Charcots (1825–1893), einem berühmten Neurologen an der Pariser „Salpêtrière". Charcot untersuchte damals mittels Hypnose den Unterschied zwischen epileptischen und hysterischen Krampfanfällen. Janet wies ihm gravierende methodische Fehler nach (vgl. Kossak, 1998). Die Neodissoziationstheorie geht auf Hilgard (1974) zurück. Hilgard knüpfte bei Janet an, hielt allerdings im Gegensatz zu diesem kognitive Dissoziationen nicht für einen pathologischen Vorgang sondern für ein normales kognitives Phänomen. Er beschäftigte sich grundsätzlich mit der Frage, welche Bedeutung Erklärung und Einsicht für den Erfolg einer Psychotherapie haben. Seine Schlussfolgerungen mögen viele Vertreter kognitiver Verhaltenstherapie nach wie vor überraschen, denn im Rahmen einer Hypnosebehandlung gelingen stabile Veränderungen ohne bewusstes, verstehendes Zutun des Patienten. Zentrale Annahme der Theorie ist eine so genannte Exekutivkontrolle, welche die Ausführung hierarchisch untergeordneter, relativ autonom agierender Subsysteme überwacht. Zu den untergeordneten Subsystemen gehören z. B. Motorik, Sprache, Immunsystem, autonomes und zentrales Nervensystem, verschiedene Gedächtnissysteme, emotionale und rationale Orientierung. Unter Hypnose, so die Theorie, tritt die Exekutivkontrolle in den Hintergrund und überlässt den jeweils angesprochenen Subsystemen das Feld. So gelingt es dann einem Allergiker, die überschießende Immunreaktion „zu unterlassen" und einem Raucher, auf Zigaretten „zu verzichten", indem in Trance die untergeordneten Regulationsmechanismen direkt angesprochen werden können, ohne das durch vorrangig rationale Kontrolle gekennzeichnete Wachbewusstsein zu involvieren. Bezogen auf das Schmerzerleben besagt die Theorie, dass der besondere Zustand der Trance psychologische Mechanismen wie z. B. die Dissoziation ermöglicht. Mittels Dissoziation werde es dann möglich, die psychologische Schmerzwahrnehmung vom physiologischen Schmerzerleben zu entkoppeln. Hilgard hat dieses getrennte Nebeneinander autonomer Instanzen durch Schmerzexperimente mittels Kalt-Wasser-Anwendungen unter Hypnose nachzuweisen versucht. Durch ein verabredetes Zeichen (Hand auf die Schulter legen) wird während der Hypnose ein Schmerzbericht von einer suggerierten Instanz, dem „heimlichen Beobachter" (hidden observer), abgerufen. Dieser nimmt die Kälteschmerzempfindung in gewohnter Stärke wahr. Dadurch war es Hilgard möglich, neben dem verdeckten Bericht einer hypnotischen Analgesie die volle subjektive Schmerzstärke zu ermitteln. Unter Hypnose kann der Patient also in trancelogischem Denken und Erleben beide Instanzen als miteinander vereinbar erleben: Schmerz und Nichtschmerz. Vor allem Crawford (et al., u. a. 1993, 1994, 2002) konnte in diesem Kontext bahnbrechende neurophysiologische Befunde aufzeigen. Sie wies bei hochsuggestiblen Probanden nach, dass während erfolgreicher hypnotischer Analgesie die präfrontale Hirndurchblutung erhöht ist, während dies bei Geringsuggestiblen nicht der Fall ist. Auch Walter et al. (1993) sprechen in diesem Kontext von einer Frontalisation unter Hypnose. Die genannten Studien lassen zumindest die Vermutung zu, dass der (prä)-frontale Kortex insofern beteiligt ist, als dass er über die Relevanz der ankommenden Schmerzreize „bestimme". Somit käme dem frontalen Kortex nicht nur die Funktion einer Exekutivkontrolle über das Handeln und die Sprache zu (vgl. auch Baddeley, 1996), sondern auch über die Wahrnehmung: Schmerzhafte Reize würden unter Hypnose als irrelevant oder unwichtig interpretiert und auf Thalamusebene gehemmt.

Wenn die Neodissoziationstheorie derzeit auch zu den verbreitetsten und für die Hypnoseforschung wohl fruchtbarsten gehört, so gibt es neben empirischen neurophysiologischen Befunden auch kritische wissenschaftstheoretische Überlegungen, die hier nicht übergangen werden sollten. Dem aufmerksamen Leser wird aufgefallen sein, dass die Annahme einer Exekutivkontrolle zu einem „Homunculus" gerät. Hiermit sei eine Instanz gemeint, die wie „ein kleiner Mann im Kopf sitzt und auf mysteriöse Weise die relevanten Entscheidungen trifft"[2] (Baddeley, 1996; Übersetzung durch die Autoren). Deutliche Kritik kommt ferner auch von Vertretern des radikalen Konstruktivismus (Kruse und Gheorghiu, 1989). Sie betonen ebenfalls, dass ein solcher Homunculus selbst einer Steuerung bedürfe. Auf die alternativen theoretischen Ansätze beider letztgenannten Forscher soll im folgenden Abschnitt eingegangen werden.

2.3.3 Kognitive Selbstorganisationstheorie

Der Begriff der Selbstorganisation stammt aus der Frühzeit der Kybernetik. Er kam auf, als Wissenschaftler versuchten, die neuronalen Netzwerken innewohnende Logik in mathematischen Modellen darzustellen (McCulloch et al., 1943). Bald wurde er von Systemforschern auf viele verschiedene Zusammenhänge übertragen. Die erste und vielleicht einflussreichste Beschreibung selbstorganisierender Systeme war die Theorie der „dissipativen Strukturen" des in Russland geborenen Chemikers und Physikers Ilya Prigogine (1967). Die Theorie entstand zwar aus Untersuchungen pysikalischer und chemischer Systeme, wurde aber von Prigogine bald auf lebende Systeme übertragen. Danach bedeutet Selbstorganisation das spontane Auftreten neuer Strukturen und neuer Verhaltensweisen in offenen Systemen fern vom Gleichgewicht. „Dissipativ" bedeutet hier, dass Systeme durch fortgesetzten Energie- oder Materiezustrom (in einem Zustand gesteigerter Instabilität) zu neuen Strukturen von zunehmender Komplexität gelangen. Damit gelingt Prigogine eine Neuinterpretation der bis dahin als systemstörend wahrgenommenen positiven Rückkopplungsmechanismen. Diese werden nun als Quelle von neuer Ordnung und höherer Komplexität verstanden.

Maturana und Varela (1980) beschreiben im Kontext dieser konstruktivistischen Sicht, dass das Gehirn sich über seine eigenen Erregungszustände selbstständig eine Wirklichkeit schafft. Die Wahrnehmungseinflüsse von außen regen ausschließlich „unspezifische Zustandsänderungen" an. Diese Aussagen sind radikal, führen sie doch zu der Schlussfolgerung, dass „Wirklichkeit" ausschließlich ein Ergebnis selbstreferenzieller Bedeutungszuweisung darstellt. Was bedeuten diese abstrakt anmutenden Ausführungen für die hypnotische Schmerzlinderung mittels Suggestionen? Sie bieten zweifelsohne einen sehr hilfreichen Erklärungsrahmen für ansonsten „unlogische" Phänomene, denn für ein System, welches die Bedeutung von „außen" und „innen", von „real wahrgenommen" und „bloß vorgestellt" anhand eigener Interpretationen selbst finden muss, wird die Unterscheidung zwischen Imagination und Realität nichtig.

Wenn wir nun die chronische Schmerzstörung eines Menschen als einen möglichen Lösungsweg betrachten, der durch Selbstorganisation zu einem halbwegs stabilen Zustand gelangt ist, so gilt es im Rahmen einer Therapie, mit geeigneten Methoden die Fähigkeit zur Neuorganisation wieder zu wecken und Fluktuation in das vorgefundene System zu bringen. Diese Suche nach Instabilität gelingt mittels Trance deshalb so gut, weil der zu Grunde liegende Bewusstseinszustand dem logischen Alltagsdenken entgegensteht. Stabile Schemata können beiläufig überschritten werden, Unmögliches (Schmerzfreiheit) wird in Trance ganz real erlebt. Ist die „kreative Instabilität" ausreichend groß, kann sich das kognitive System selbstständig zu einer neuen, adaptiven Ordnung organisieren. Diese Ansätze zum Verständnis hypnotischer Phänomene gehen vorrangig auf Kruse und Gheorghiu (1989, 1990) zurück. Ihr Standpunkt kann wissenschaftstheoretisch dem radikalen Konstruktivismus zugeordnet werden.

2.3.4 Hypnose und die Netzwerktheorie des Gedächtnisses

Durch schmerzantagonistische Suggestionen gelingt es, eine Veränderung der Schmerzwahrnehmung zu erreichen, in dem auf kortikaler Ebene die kognitive Verarbeitung beeinflusst wird. Sol-

---

2 Dieses Zitat von Baddeley stellt wohl eine Selbstkritik an seinem eigenen Modell der Zentralen Exekutive des Arbeitsgedächtnisses (1996) dar. Er geht sogar soweit, sie „Ragbag" (Lumpensack) zu nennen, sollen ihr doch all diejenigen Funktionen zukommen, deren koordinatorische Tätigkeiten selbst einfache Aufgaben benötigten.

che kognitiven Verarbeitungsprozesse sind vor allem aus der Perspektive einer Netzwerktheorie des Gedächtnisses betrachtet worden (z. B. Anderson, 1980; Norman & Rumelhart, 1975; Hoppe, 1985; Rumelhart, McClelland & PDP Research Group, 1988). Diese Theorie postuliert, dass Gedächtnisinformationen in Form eines Netzwerkes von Knoten und Verbindungen zwischen diesen Knoten organisiert sind. Diese Knoten repräsentieren Gedächtnisinhalte und legen fest, welche Gedächtnisinhalte einander „aktivieren". Nun ist für die vorliegende Studie von besonderem Interesse, dass diese Knoten nicht nur elementare Wissenseinheiten repräsentieren, sondern auch größere Einheiten, wie z. B. krankheitsbezogene Schemata, die je nach Erfahrungsschatz des Trägers eine komplexe innere Struktur aufweisen können. Ein aktivierter Knoten kann nun seinerseits mit ihm assoziierte Knoten über die Netzwerkverbindungen aktivieren. Wenn auch die meisten Forschungsbemühungen sich mit der Repräsentation von sprachlichem Wissen beschäftigten, so steht doch außer Frage, dass auch motorische und perzeptuelle Informationen oder Emotionen in den beschriebenen Knoten gespeichert sind. Die Aktivierung derartiger Knotenverbindungen ist dann beispielsweise mit vegetativen Reaktionen und Ausdrucksverhalten verknüpft. Die Stärke einer assoziativen Verbindung hängt nun eng damit zusammen, wie oft ein Knoten „aktiviert" wurde. Die durch ein solches Netzwerk gesteuerten kognitiven Verarbeitungsprozesse laufen weitgehend automatisch ab und beanspruchen wenig Aufmerksamkeit. An dieser Stelle scheint es sinnvoll, erneut die Schmerztheorie von Hoppe (1993a) ins Gedächtnis zu rufen. Verantwortlich für die Chronifizierung von Schmerzen soll im Rahmen dieser Theorie die Schmerzspeicherung im Gedächtnis sein. Übertragen auf die Netzwerktheorie bedeutet dies nun: Voraktivierung und Verbindungsstärke eines Schmerzschemas sind so stark, dass durch minimalen Input (z. B. über kognitive Aktivierung) das gesamte Schema aktiviert werden kann.

Was bedeuten diese Modelle nun für die effektive Wirkungsweise hypnotischer Schmerzkontrolle mittels Suggestionen? Wie kann es gelingen, durch eine begrenzte Anzahl hypnotischer Behandlungen eine veränderte Schmerzwahrnehmung im Sinne einer Schmerzlinderung zu erreichen?

Eine Studie von Hoppe (1993b) befasste sich mit den psychologischen Wirkfaktoren hypnotischer Schmerzlinderung sowohl bei symptom- als auch bei problembezogener Anwendung. Er kam zu dem Schluss, dass die kurz- und langfristige Wirkung nicht nur über einfache Dissoziation im Sinne einer Amnesie sondern eher über Gedächtnisveränderungen zu erklären ist. Demnach würde der veränderte Verarbeitungsmodus in Trance dazu führen, dass durch die gegebenen Suggestionen neben der Aufmerksamkeitsablenkung durch Dissoziation auch schmerzinkompatible Schemata aktiviert werden, die zu einer Neubewertung der Schmerzen führen. Diese Interpretation steht im Einklang mit der von Lynn, Rhue und Weeks (1989) aufgestellten Annahme, dass Suggestionen ihre Wirksamkeit vor allem über eine Sensibilisierung vorhandener, aber selten genutzter Netzwerkstrukturen entfalten. Es erscheint in Trance also möglich, vorhandene Potenziale, Ressourcen und Lernerfahrungen zu wecken, die selten oder nie systematisch ausgeführt wurden. Im kognitiven Modus der hypnotischen Trance scheinen solche Erfahrungen leichter zugänglich zu sein, so dass schmerzkompatible Schemata schrittweise durch schmerzinkompatible ergänzt und zunehmend ersetzt werden können. Hoppe (1986) stellt übereinstimmend dazu fest, dass geringe Wachheit und eine eher automatische Verarbeitung, wie sie in Trance vorzufinden sind, den Aufbau schmerzinkompatibler Schemata fördern. Der Trance kommt dabei eine wichtige Rolle zu, weil sie zu einer Reduktion kontrollierender strategischer Verarbeitung beiträgt und Raum schafft für das „Neue".

Kapitel 3

Klinische Hypnose in der Behandlung chronischer Schmerzen

3.1 Die psychologische Therapie chronischer Schmerzen am Beispiel des kognitiv-behavioralen Ansatzes

Primäres Behandlungsziel aller auf diesem Ansatz aufbauenden Programme ist die Förderung der Eigenaktivität und Selbstkontrolle des Patienten. Aus diesem Grund muss der Schwerpunkt der Behandlung auf der Verringerung der Hilflosigkeitsgefühle liegen. Der Patient soll Vertrauen in seine eigene Kompetenz erlangen, mit den Schmerzen umgehen zu können. Im weitesten Sinne werden also Bewältigungsstrategien aufgebaut und der Focus von einer Fremdverantwortlichkeit auf die Eigenverantwortlichkeit verschoben.

Da jeder Einzelfall unterschiedliche Gewichtungen erfordert und das Spektrum kognitiv-behavioraler Strategien sehr vielfältig ist, kann diese Darstellung nur einen allgemeinen Einblick wiedergeben. Nachfolgend werden also nur die wichtigsten und häufigsten Bausteine kognitiver Verhaltenstherapieprogramme bei chronischen Schmerzen dargestellt.

Edukation

Den ersten Baustein der meisten Programme bildet die so genannte *Edukation* des Patienten. Viele Schmerzpatienten beginnen die Therapie mit einer rein somatischen Krankheitsvorstellung. Ohne sie in dieser Vorstellung zu kritisieren oder zu korrigieren soll für jeden Patienten der Versuch unternommen werden, sein Modell um psychosoziale Aspekte zu bereichern, zu ergänzen. Am Beispiel unspezifischer Rückenschmerzen, bei denen das Röntgenbild „leider überhaupt nichts hergibt", kann einem Patienten exemplarisch deutlich gemacht werden, dass mit einiger Sicherheit physiologische Prozesse zum Schmerz beitragen, die aber nicht diagnostiziert werden können. In allen Fällen spielen aber auch psychologische Prozesse eine Rolle. Hier könnte das Beispiel stressbedingter Kopfschmerzen zum Beispiel sehr hilfreich sein. Der Patient sollte sich also einem biopsychosozialen Modell schritt-

weise öffnen. In dieser Phase ist es auch wichtig, mit den Patienten über weitere, oft durch das Gesundheitswesen verstärkte Überzeugungen zu sprechen, z. B., dass Ruhe und Schonung den Schmerz reduziert, dass Schmerz das Zeichen für eine fortschreitende und bedrohliche Erkrankung ist, dass sie mittlerweile selbst glauben, zu simulieren. Der letzte Punkt geht auf ein besonders sensibles Thema ein. Viele Patienten befürchten, von ihrem Arzt für „verrückt" gehalten zu werden, wenn dieser sie zu einem Psychologischen Schmerztherapeuten überweist. Diese Gefahr ist umso größer, je weniger somatische Befunde der Patient aufweist. Ein auf den Patienten angepasstes Modell der Schmerzstörung sollte dann breiten Raum in der Edukationsphase einnehmen. Die Erweiterung des Krankheitsmodells bedeutet auch, dass Veränderungen der Schmerzen und der damit einhergehenden Einschränkungen und Beeinträchtigungen möglich sind. Das Vertrauen in diese Möglichkeit wird allerdings erst im Programmverlauf wachsen können.

Erlernen von Bewältigungsstrategien

- Entspannungstraining

Unter den Bewältigungsstrategien nimmt das Entspannungstraining meist eine wichtige Rolle ein. Zielsetzung ist neben einem Spannungsabbau auch die Ablenkung vom Schmerz und das Erlebnis, Kontrolle ausüben zu können. Da die Zielsetzung auch hierbei auf der Veränderung der Kognitionen und Emotionen liegt, die schmerzverstärkend wirken, sollte das Entspannungstraining in ein erklärendes Modell eingebettet werden. Oft wird beispielsweise das „Teufelskreismodell" (SCHMERZ ↔ STRESS ↔ SPANNUNG ↔ SCHMERZ) eingesetzt, um die Bedeutung der Entspannung für das Schmerzerleben deutlich zu machen. Entspannung in jeglicher Form muss geübt werden und dies erfordert Zeit. Zu Beginn der Therapie sollten Patienten daher Entspannungsverfahren nicht zielgerichtet zur Schmerzreduktion einsetzen, da eine Überforderung und Misserfolge resultieren könnten. Es gibt verschiedene Entspannungsverfahren, u. a. die progressive Muskelrelaxation, aber auch imaginativere Zugänge wie Phantasiereisen, Meditation und die in diesem Therapieprogramm dargestellte Selbsthypnose.

• Selbstbeobachtung

Die Patienten sollen lernen, schmerzauslösende und schmerzverstärkende Ereignisse wahrzunehmen und wie ein Detektiv Zusammenhänge zwischen inneren oder äußeren Ereignissen und dem Schmerz zu entdecken. In diesem Kontext wird Schmerztagebüchern eine besondere Rolle zukommen. Wenn sie als „Hausaufgaben" dem Patienten mitgegeben werden, sollten diese allerdings immer gemeinsam besprochen werden. Nicht immer ergeben sich eindeutige Erkenntnisse über Zusammenhänge. In diesem Fall kann der Schwerpunkt auf der Beobachtung liegen, wie variabel die Schmerzintensität ist, wie genau sich Nuancen unterscheiden lassen, etc. Neben der Selbstbeobachtung werden eine Reihe andere Techniken der kognitiven Verhaltenstherapie eingesetzt, die dem Patienten die Zusammenhänge zwischen Situationen, Gedanken, Gefühlen, Verhalten und körperlichen Reaktionen deutlich machen; es eignen sich an vielen Stellen Rollenspiele und Gruppenangebote, um zu einem anschaulichen Erleben zu gelangen.

• Medikamenteneinnahme

Die Dokumentation der Medikamenteneinnahme kann im Rahmen eines Schmerztagebuches integriert sein. Es ist aber auch möglich, ihr einen eigenen Stellenwert zu geben. Auch hier spielt die Informationsvermittlung eine herausgehobene Rolle. Die Wirkungen und Nebenwirkungen von Schmerzmedikamenten, die Bedeutung von Lernprozessen für die Wirkung und ähnliche Themen sollen hier zur Sprache kommen. Genaue Selbstbeobachtung des Patienten ist auch hier unumgänglich. Je besser der Patient bereits andere Aspekte des Gesamtprogramms integriert hat (erweitertes Krankheitsmodell, Entspannungstechnik, Selbstbeobachtung, …), desto erfolgversprechender können dann Versuche zur sukzessiven Reduktion der Medikation unter Beachtung üblicher Regeln unternommen werden (vgl. hierzu Wildgrube, 1999). Diese erfolgen immer in Kooperation und Absprache mit einem medizinischen Schmerztherapeuten.

• Aktivitätsmodifikation

Bei vielen chronischen Schmerzpatienten ist das Aktivitätsniveau reduziert. Aus Angst vor Schmerzen haben sie häufig ein Vermeidungsverhalten ge

neralisiert. Bei einem Teil der Patienten lässt sich jedoch auch das Gegenteil beobachten: Hyperaktives, wie getrieben wirkendes Verhalten, welches dem Körper keine Ruhepausen gönnt. Auch diese dysfunktionale Verhalten sollte Gegenstand der Therapie sein.

Auch bei der Aktivitätsmodifikation steht die Informationsvermittlung an erster Stelle. Viele Patienten können nicht zwischen einem Muskelschmerz infolge untrainierter Beinmuskulatur und anderweitig verursachtem Schmerz unterscheiden. Jeder Schmerz, der infolge von Bewegung auftritt, wird als Zeichen interpretiert, diese Bewegung in Zukunft zu unterlassen, da sie „schadet". Eine angemessene Einschätzung der Möglichkeiten des Patienten ist von großer Bedeutung; dies kann in Absprache mit dem betreuenden Arzt oder auch Physiotherapeuten geschehen, wenn es um die Abklärung der körperliche Grenzen der Reaktivierung geht.

Die Ziele werden nach verhaltenstherapeutischen Prinzipien aufgestellt und das Erreichen vom Patienten protokolliert. Die Ziele sollten positiv und konkret formuliert werden. Erreichbare Unterziele helfen, um ein ferneres Ziel zu erreichen. Je stärker, d. h. intrinsisch motivierter ein Patient ist, ein Ziel zu erreichen, desto mehr steigt bei Erreichen dieses Zieles auch die Motivation für weniger attraktive Ziele.

• Bezugspersonen

Wie an mehreren Stellen bereits erörtert wurde, spielen nahe Bezugspersonen eine wichtige Rolle im Therapieverlauf, sowohl in negativer als auch in positiver Hinsicht. Aus diesem Grunde werden sie in vielen Fällen in die Therapie integriert, zumindest sollten sie Informationen über den Therapieablauf erhalten und über das zu Grunde liegende Modell informiert werden. Gerade Partner von Schmerzpatienten in guten, stabilen Paarbeziehungen tendieren häufig dazu, dem Schmerzverhalten des Patienten besonders viel Aufmerksamkeit zukommen zu lassen. Über die Konsequenzen (positive Verstärkung), sollte Partner und Patient ausführlich informiert werden. Gleichzeitig sollten sie neue Wege finden, ihre Zuwendung zu zeigen.

Transfer in den Alltag

Nach den beiden Bausteinen Edukation und Erlernen von Bewältigungsstrategien gilt der letzte Baustein dem Transfer in die Alltagswelt und der

Rückfallprophylaxe. Auch wenn die Vermittlung von Bewältigungsstrategien und ihr Einüben fließend ineinander übergehen, soll dieser Baustein besondere Beachtung finden. Der Patient muss schrittweise erlernen, problematische Alltagssituationen zu erkennen und die neu erworbenen Strategien anzuwenden. Dies kann in der möglichst konkreten Vorstellung dieser Situationen oder in Rollenspielen geübt werden. Problematische Situationen können auch antizipierend geübt werden. Gerade in der Phase des Transfers in die Realität ist es wichtig zu vermitteln, dass das Auftreten von Problemen nicht als Versagen interpretiert wird, sondern als Chance der Bewältigung. Die Übungsschritte müssen aus diesem Grunde angemessen gewählt werden. Fortschritte, Probleme und alle weiteren Beobachtungen protokolliert der Patient dergestalt, dass sie als Grundlage der Therapie fungieren. Jeglicher Fortschritt wird verstärkt, dabei sollte der Patient angeleitet werden, sich auch selbstständig loben oder belohnen zu können.

Die Transferphase mündet gegen Ende der Therapie in die Phase der Rückfallprophylaxe. Hier sollte der Patient für sich resümieren, was er als hilfreich und nützlich erlebt hat. Der Patient wird darauf vorbereitet, ohne regelmäßige Unterstützung auf Probleme selbstständig reagieren zu können. Es kann dabei dienlich sein, ihm ein konkretes Szenario auszumalen und die Lösungsideen gemeinsam zu sammeln: „Stellen Sie sich vor, sie haben seit mehreren Wochen zum ersten Mal wieder eine Migräneattacke, die genauso stark ist, wie zu Beginn unserer gemeinsamen Arbeit. Wie können sie sich jetzt verhalten? Was machen Sie?" Je stärker gegen Ende der Therapie der Glaube an die eigene Effizienz gewachsen ist, desto geringer ist die Wahrscheinlichkeit eines Rückfalls.

3.2 Wirksamkeitsnachweise psychologischer Schmerztherapie

Multimodale psychologische Ansätze in der Behandlung chronischer Schmerzen konnten bisher sehr gute Effekte erzielen. Die Verbesserungen durch kognitiv-verhaltenstherapeutische Ansätze (KVT) bezogen sich meist auf die subjektive, Schmerzintensität, das Schmerzverhalten, die Beeinträchtigung im Alltag, die Stimmung und schmerzbezogene Kognitionen. Eine Metaanalyse von Basler (1993) zeigte, dass KVT in Abhängigkeit von der Schmerzerkrankung bei der Verringerung der Schmerzintensität wirksam ist. Hier ist

weiterer Forschungsbedarf nötig, um eindeutigere Aussagen zur differenziellen Indikation machen zu können. Generell fand er keine Wirksamkeitsunterschiede zwischen KVT und anderen Ansätzen psychologischer Schmerztherapie.

In einer Metaanalyse psychologischer Schmerztherapien im angloamerikanischen Raum konnten Flor et al. (1992) durchschnittliche Effektstärken in der Schmerzintensität von $d = 0.90$, $d = 0.50$ im Schmerzverhalten, $d = 0.66$ in der subjektiven Beeinträchtigung und $d = 0.58$ in der Verbesserung der Stimmung ermitteln.

Ähnlich gute Effekte konnten Klinger et al. (1999) in einem stationären, multimodalen Programm für Rückenschmerzpatienten ($n = 60$) erzielen ($d = 0.85$ für die Schmerzintensität; $d = 0.81$ für die Depressivität, allerdings nur noch $d = 0.45$ nach 9 Monaten). Die Autoren kritisieren jedoch das Fehlen einer adäquaten Kontrollgruppe und empfehlen für Folgestudien zumindest den Einsatz einer rein medikamentös behandelten Gruppe.

In einem standardisierten Gruppenprogramm konnten Basler und Kröner-Herwig (1998) eine deutliche Überlegenheit bei kombiniert psychologisch-medizinischer Therapie gegenüber einer rein medizinischen Behandlung nachweisen. Dies zeigte sich in einer Vielzahl von Variablen (Intensität der Rückenschmerzen, Häufigkeit, geringeres Vermeidungsverhalten, Funktionalität im Alltag, geistiges Leistungsvermögen). Interessant ist an dieser Studie, dass die Verbesserungen sowohl im Gruppensetting als auch im Einzelsetting erreicht werden konnten. Insgesamt sind die Effekte der kombinierten Behandlungsgruppe (Einzel- und Gruppenprogramm gemeinsam) mittel bis groß, während die nur medizinisch behandelte Gruppe im Mittel nur geringe Effekte erzielen konnte.

Es lassen sich jedoch auch Studien mit deutlich geringeren Effekten finden. Basler, Jäkle und Kröner-Herwig (1996, 1997) evaluierten eine KVT-Zusatzbehandlung bei chronischen Rückenschmerzpatienten ($n = 24$) und bei Kopfschmerzpatienten ($n = 50$). Sie ermittelten für die Verringerung der Schmerzintensität bei den Rückenschmerzpatienten lediglich eine geringe Effektstärke von $d \approx 0.30$ und bei den Kopfschmerzpatienten sogar eine Effektstärke um Null. Beide Studien berichten allerdings von deutlichen Verbesserungen in der selbsteingeschätzten Kontrolle über die Schmerzen und von verbesserten Copingstrategien. Basler et al. (1996) konnten für die Reduktion der Depressivität sogar Effektstärken um d ≈ 0.90 nachweisen.

Diese Analysen machen vor allem die erheblichen Diskrepanzen in der möglichen Verringerung der Schmerzintensität deutlich. Häufig wird betont, dass der Verringerung der Schmerzintensität im Kontext psychologischer Schmerztherapien eine geringere Rolle zukommt. Oberstes Ziel in der Schmerztherapie ist die Verbesserung in der Lebensqualität (durch bessere Copingstrategien) und eine Verringerung der Beeinträchtigung durch die Schmerzen (Kröner-Herwig, 2000). Diese Schwerpunktsetzung erscheint folgerichtig, wenn anerkannt wird, dass das Ausmaß der Beeinträchtigung oft nicht primär durch die Schmerzintensität, sondern im Wesentlichen durch das Schmerzverhalten und die kognitive und emotionale Bewertung moduliert wird. Eine primäre Zielsetzung der Schmerzreduktion oder sogar Schmerzfreiheit könnte für diese Veränderungen sogar kontraproduktiv sein. Dies führt in manchen psychologischen Schmerztherapien zu motivationalen Problemen bei den Patienten (Compliance). Aus diesem Grunde sollte sich das zu Therapiebeginn meist rein somatische Krankheitsmodell eines Patienten für psychosoziale Einflüsse öffnen.

3.3 Wirksamkeitsnachweise der Hypnose in der Schmerztherapie

Die Wirksamkeit der Hypnose bei der Behandlung von Schmerzen konnte durch viele Studien belegt werden. Allerdings gilt dies mehr für akute Schmerzen und klar eingrenzbare Schmerzsyndrome in größerem Ausmaß als für komplexe chronische Schmerzsyndrome. Zum anderen überwiegt die Zahl experimenteller Studien; an kontrollierten klinischen Studien mangelt es erheblich. Diese Situation wird schon seit mehreren Jahren beklagt, geändert hat sich trotz allem aber recht wenig. Wenn im weiteren Verlauf nun der Versuch unternommen wird, einen Überblick über die relevanten Forschungsbemühungen der letzten 10 Jahre zu skizzieren, so soll der Fokus vor allem auf die methodischen Details gelenkt werden. Bei genauer Betrachtung zeigen sich wiederholt erhebliche methodische Mängel, die bei der Überprüfung der Wirksamkeit eines Verfahrens oder von Wirksamkeitsunterschieden zwischen verschiedenen Verfahren zu eklatanten Fehlern und ungerechtfertigten Aussagen führen.

Bode (2000) stellt in einem Überblick über die aktuelle Forschungssituation bis Mitte der 90er Jahre fest, dass vor allem solche klinischen Kontrollstudien fehlten, die in der Lage wären, Hypnose allein oder im Vergleich mit anderen Verfahren zu evaluieren. Das Fehlen adäquater Kontrollgruppen bedeutet streng genommen, dass kein einziger vermeintlicher Behandlungseffekt eindeutig auf die zu Grunde liegende Behandlung zurückgeführt werden kann, sondern beispielsweise auf unspezifische Effekte therapeutischer Zuwendung attribuiert werden könnte (vgl. hierzu Hager, Patry & Brezing, 2000). Klinische Praktiker werden in diesem Zusammenhang einwenden, dies sei gerade bei chronischen Schmerzpatienten unwahrscheinlich, andererseits sei es allgemein sehr schwierig, ausreichend Patienten zu rekrutieren. Gegen Placebokontrollgruppen werden auch ethische Überlegungen geäußert, es sei nicht gerechtfertigt, behandlungsbedürftigen Patienten keine Behandlung zukommen zu lassen.

Diese Argumente haben bei einem angemessenen Anspruch an wissenschaftliche Psychotherapieforschung keinen Bestand, denn bereits kleine Modifikationen können zu deutlichen methodischen Verbesserungen führen, wie am Ende dieses Abschnitts gezeigt werden soll.

Ein weiteres Problem stellen fehlende Angaben über die Art und Weise der Hypnosebehandlung dar. Welche Techniken wurden angewandt (z.B. Dissoziation, Symptomverschiebung o. a.)? Wurden problem- oder symptombezogene Suggestionen verwendet? Wie viele Behandlungen wurden durchgeführt und warum die Festlegung auf diese Anzahl? Wurden die Patienten im Vorfeld auf Suggestibilität überprüft?

Obwohl die hier dargestellten Studien zum Teil erhebliche methodische Mängel aufweisen, konnten sie beim Design der diesem Therapieprogramm zu Grunde liegenden Studie wertvolle Hinweise liefern und auf „Stolpersteine" aufmerksam machen. Vorrangig wurden Studien ausgewählt, die sowohl Hypnoseanteile als auch edukative Anteile aufwiesen. Der Schwerpunkt auf Seiten der Hypnose sollte möglichst auf der selbstständigen Anwendung der Hypnose liegen.

Spinhoven und Linssen (1989) trainierten 45 Rückenschmerzpatienten in einem psychoedukativen Gruppenprogramm u. a. auch in Selbsthypnose. Sie erzielten stabile Verbesserungen hinsichtlich der Schmerzmedikation, der Aktivität und Depressivität. Die Schmerzintensität veränderte sich nicht signifikant. An dieser Studie muss erneut das Fehlen einer Kontrollgruppe bemängelt werden. Auch der relative Anteil der Hypnose gegenüber den edukativen Programmelementen bleibt unklar. Welche Form die „Selbsthypnose" hatte, welche Techniken angewandt wurden, ob im Einzel- oder Gruppensetting, wurde nicht deutlich beschrieben. Die Studie gibt allerdings vielversprechende Hinweise, dass langfristige Verbesserungen hinsichtlich Schmerzmedikation, Depressivität und Aktivität in einer Kombination edukativer und selbsthypnotischer Intervention möglich sind. Diese Studie ist eine der wenigen, die neben der Hauptsymptomatik auch Begleitsymptome wie Aktivitätsverbesserungen und vor allem eine Verbesserung der depressiven Symptomatik nachweisen kann.

Edelson und Fitzpatrick (1989) verglichen die relative Wirksamkeit zwischen Hypnose und kognitiver Verhaltenstherapie (KVT) bei 27 chronischen Schmerzpatienten. Die Patienten der Hypnosebedingung konnten ihre Schmerzintensität verringern, die KVT-Gruppe aber zusätzlich noch ihre Aktivität erhöhen. Auch hier fehlen adäquate Kontrollgruppen. Zur Überprüfung von Wirksamkeitsunterschieden müsste jede Bedingung eine eigene Kontrollgruppe aufweisen, um nach isolierter Wirksamkeitsüberprüfung die Verfahren gegeneinander zu evaluieren. Zum anderen erscheint die Probandenzahl von 27, verteilt auf zwei Gruppen mit je 13–14, als viel zu gering.

Eine Metaanalyse von **Grawe (1995)** beinhaltete insgesamt sechs Studien (chronische Schmerzen, Migräne und Spannungskopfschmerzen), die eine langfristige Wirksamkeit der Hypnose bei chronischen Schmerzen feststellen konnten. Eine Überlegenheit gegenüber anderen Verfahren (z. B. Autogenes Training, Biofeedback) konnte nicht gezeigt werden. Mängel dieser Studien waren zu geringe Probandenzahlen pro Gruppe und in diesem Kontext die nicht überprüfte Annahme einer Normalverteilung. Erst dann wären Berechnungen auf Intervallskalenniveau zulässig. Meist wurde nur die Hauptsymptomatik erfasst, nicht aber andere Parameter wie Depressivität, Alltagsbeeinträchtigung oder Schmerzmittelgebrauch.

Die beiden letztgenannten Studien zeigen, dass es durch Hypnose zu einer kurz- und langfristigen Reduktion der Schmerzintensität kommt. Die Einbeziehung verschiedener chronischer Schmerzzustände erscheint methodisch sinnvoll.

Insbesondere eine niederländische **Arbeitsgruppe um Zitman, Van Dyck und Spinhoven** veröffentlichte zu Beginn der neunziger Jahre eine Reihe von Vergleichsstudien zwischen Hypnose und Autogenem Training bei chronischem Kopfschmerz. Eine Studie von **Zitman et al. (1992)** verglich Hypnose und Autogenes Training bei 79 Patienten mit Spannungskopfschmerz in zwei Therapiephasen. Nach 6 Monaten zeigte sich

eine Überlegenheit der Hypnosegruppe. Eine Reduktion der Depressivität konnte nicht beobachtet werden. Auch in dieser Studie zeigten sich jedoch – wie in verschiedenen Studien dieser Forschergruppe – erhebliche methodische Mängel (vgl. Bode, 2000). Auch in dieser Studie fehlte eine Kontrollgruppe in jeglicher Form. Zum einen wurde kein paralleler Vergleich der beiden Interventionsformen vorgenommen, sondern die Verfahren wurden nacheinander durchgeführt. So lässt sich die isolierte Wirkung eines der Verfahren jedoch nicht herausfinden, da möglicherweise Übungseffekte zum Erfolg der nachfolgenden Phase beitragen. Zum anderen stellte die so genannte Hypnose lediglich eine je nach Versuchsbedingung explizit oder implizit als Hypnose eingeführte Imaginationsübung dar. Die Studie untersuchte also vielmehr den Erwartungseffekt bei „Hypnose" als dass sie in der Lage wäre, Hypnose isoliert und in Gegenüberstellung zu Autogenem Training zu untersuchen. Zum Ausbleiben einer Depressivitätsreduktion sei angemerkt: Da die Autoren im Vorfeld der Untersuchung weitere psychiatrische Erkrankungen ausgeschlossen hatten, konnte sich die Depressivität unter keiner Bedingung signifikant verringern. Diese Studie machte die Notwendigkeit deutlich, das konkrete hypnotische Vorgehen zu spezifizieren, also eindeutige Aussagen über die angewandte Technik zu machen.

Unter der Leitung von **Kuile, Spinhoven et al. (1994)** wurde von derselben Forschergruppe wiederum ein Vergleich zwischen Autogenem Training und individualisierter kognitiver Autohypnose bei einer Gruppe von 144 Kopfschmerzpatienten über sieben Sitzungen durchgeführt.

Folgende Fragestellungen standen diesmal im Vordergrund: Es sollte die Wirksamkeit beider Verfahren gegenüber einer Warteliste untersucht werden, der Einfluss unterschiedlicher Patientengruppen auf den Therapieerfolg geprüft und das Ausmaß der Suggestibilität mit dem Therapieerfolg in Beziehung gesetzt werden. Nach einer 6-monatigen Katamnese fanden sich keine Wirksamkeitsunterschiede zwischen beiden Verfahren. Sie fanden in beiden Verfahren eine ähnliche Effektstärke für die Schmerzreduktion ($d \approx 0{,}50$). Hochsuggestible erreichten dabei grundsätzlich bessere Effekte als geringer Suggestible. Ein Einfluss unterschiedlicher Patientengruppen (mit erheblichen soziodemographischen Unterschieden hinsichtlich Geschlecht, Alter, Krankheitsdauer etc.) auf den Therapieerfolg konnte überraschenderweise nicht nachgewiesen werden. Die Autoren diskutieren die Ergebnisse selbstkritisch und merken an, dass ein Studiendesign mit zwei Behandlungsgruppen gegenüber einer Wartekontrollgruppe ohne jegliche Therapeutenkontakte streng genommen keine eindeutig auf die Interventionen zurückführbaren Ergebnisse erbringen kann. Jegliche Effekte könnten auch auf unspezifische Behandlungseffekte (z. B. positive Erwartungshaltung der Patienten und Einflüsse der Therapeut-Klient-Beziehung) attribuiert werden. Ebenso kritikwürdig erscheint die Behandlung und Betreuung der Patienten durch supervidierte Studenten der Psychologie. Diese mussten zwar theoretische Fachkenntnisse der Klinischen Psychologie nachweisen („graduated in clinical psychology"), doch erscheinen diese Fachkenntnisse als nicht ausreichend, um die verschiedenen Methoden miteinander vergleichen zu können (Hager et al., 2000). Insbesondere das notwendigerweise individualisierte Vorgehen in kognitiver Therapie und kognitiver Selbsthypnose (Trancetiefe, Rapport, …) bedarf größerer therapeutischer Erfahrung. Auch wenn die Autoren psychiatrische Komorbiditäten (z. B. Depressivität, Angststörungen), Erbrechen oder Übelkeit bei der Hälfte der Kopfschmerzattacken und Analgetikaabusus nach WHO-Kriterien von vornherein ausschlossen, so sollte dieses exklusive Vorgehen dennoch kritisch diskutiert werden. Die Patientengruppe mit chronischen rezidivierenden Kopfschmerzen („recurrent headaches") ist bei diesem Ausschlussverfahren nicht mehr repräsentativ. Chronische Kopfschmerzen als sekundäre medikamenteninduzierte Kopfschmerzen machen einen erheblichen Anteil aus. Ebenso ist das Auftreten psychiatrischer Begleitsymptome keinesfalls ungewöhnlich. In Anbetracht der Tatsache, dass die Patienten von unerfahrenen Studenten betreut

wurden, erscheint dieses Ausschlussverfahren allerdings gerechtfertigt, wenn es auch die Übertragbarkeit der Ergebnisse auf die klinische Realität erheblich einschränkt. Wenn der Medikamentenkonsum auch nicht im Mittelpunkt des Interesses lag, so soll doch abschließend positiv hervorgehoben werden, dass es in beiden Interventionsgruppen zu einer moderaten Reduktion kam.

Diese Studie ist für die im folgenden dargestellte Untersuchung von großem Interesse, da gezeigt werden konnte, wie individualisierte Autohypnose zu deutlichen Verbesserungen in der Schmerzintensität führt. Auch die Problematisierung der Suggestibilität und die eindeutigen Ergebnisse wurden in dieser Studie beachtet und integriert. Es soll allerdings vermieden werden, die Gruppe chronischer Schmerzpatienten durch vermutlich methodisch begründete Kriterien in ihrer Repräsentativität einzuschränken. Auf den Ausschluss von Patienten mit klinisch relevanten Komorbiditäten (Depressionen und Angststörungen, Analgetikaabusus) wurde ebenfalls verzichtet.

II. Evaluation

Kapitel 4

Evaluation des Therapieprogrammes „Verhaltenstherapeutische Hypnose"

In einer Vorstudie (Jacobs, 1998; n = 6) wurde mittels einfachem Prä-Post-Design überprüft, wie viele Sitzungen mindestens nötig sind, um effektive Veränderungen im Schmerzniveau, in der Depressivität, im Ausmaß der Beeinträchtigung und im Schmerzniveau während und nach der Hypnose bei heterogenen chronischen Schmerzpatienten hervorzurufen. Für alle betrachteten Variablen ergaben sich große Effekte. Auf eine Wartekontrollgruppe und katamnestische Datenerhebung wurde damals verzichtet.

Die ursprünglich auf 10 Sitzungen festgelegte Vorstudie wurde dann in der Hauptstudie I (Jacobs et al., 2001) mit wiederum heterogenen chronischen Schmerzpatienten (n = 14) auf neun Sitzungen reduziert. Veränderungen zur Vorstudie betrafen den Einsatz einer Wartekontrollgruppe (4 Wochen) mit einigen Charakteristiken einer Placebokontrollgruppe, hetero- und autohypnotische Anleitung zur Dissoziation, eine Spezifizierung der abhängigen Variablen und die Erhebung einer dreimonatigen Katamnese. Die wichtigsten Variablen wurden über 6 Messzeitpunkte trendanalytisch erfasst.

Die Ergebnisse bestätigten dem Programm mit einer durchschnittlichen Effektstärke um d ≈ 1.0 eine gute Wirksamkeit (Schmerzniveau, Funktionalität, Depressivität). Die Ergebnisse zeigten zum Katamnesezeitpunkt (drei Monate nach Therapieende) sogar eine Reduktion der Schmerzintensität mit Effektgrößen d ≈ 2.0. Verglichen mit den schwachen Effekten der Metaanalysen von Basler, Jäkle und Kröner-Herwig (1996, 1997) kognitiv-verhaltenstherapeutischer Interventionen ohne Hypnoseanteile waren diese Effekte als vielversprechend zu bewerten, zumal die Patienten in dieser Studie eine höhere Ausgangsbelastung aufwiesen. Interessant war ferner die Beobachtung, dass die Verringerung der Depressivität einen deutlich positiv akzelerierten Verlauf aufwies. Verbesserungen konnten also bereits in den ersten Wochen des Programms erreicht werden, die sich dann langfristig stabilisierten.

In einer Hauptstudie II wurden diese vielversprechenden Ergebnisse nun mit n = 28 mehrheitlich repliziert. Bei nahezu unverändertem Design wurde zusätzlich zu den bereits genannten Variablen der Einfluss des Programms auf den Schmerzmedikamentenkonsum untersucht.

Im folgenden Abschnitt sollen zunächst methodische Aspekte bei der Evaluation der Wirksamkeit dieses Therapieprogramms beschrieben werden. Nach einer genauen Beschreibung der untersuchten Stichprobe werden die von den Patienten verwendeten Medikamente analysiert. Anschließend werden die Patienteninstruktionen, Diagnoseinstrumente und Fragebögen beschrieben.

4.1 Beschreibung der Stichprobe

4.1.1 Probanden

An der Hauptstudie II nahmen insgesamt 28 Patienten teil. Zum überwiegenden Teil wurden sie durch direkte Anmeldungen in der Poliklinischen Ambulanz des Georg-Elias-Müller-Instituts für Psychologie der Georg-August-Universität Göttingen rekrutiert. Weitere hilfreiche Unterstützung boten drei kooperierende Privatpraxen niedergelassener Psychologischer Psychotherapeuten und eine in einer Rehaklinik angestellt arbeitende Psychologische Psychotherapeutin.

4.1.2 Drop-Outs

Von ursprünglich 45 Patienten fielen 17 Patienten aus verschiedenen Gründen aus den Datenanalysen heraus: Die *nicht ausreichende Suggestibilität* führte bereits im Vorfeld der Diagnostik bei 7 Patienten zum *Ausschluss* aus der Studie.

Lediglich ein Patient musste im Verlauf der Studie auf Grund *mangelnder Compliance* ausgeschlossen werden: Termine wurden vergessen, das Schmerztagebuch wurde nur lückenhaft geführt und die Übungen in Autohypnose nicht angewendet. Die äußerst geringe Drop-Out Rate infolge mangelnder Compliance kann zum einen auf die hohe Motivation der Patienten bei hohem Leidensdruck, zum anderen aber auch auf die recht schnell erfahrbaren Verbesserungen ihrer Symptomatik und das Erleben wachsender Einflussmöglichkeiten zurückgeführt werden.

Neun Patienten, die von externen Therapeuten behandelt wurden, konnten das Programm zwar erfolgreich abschließen, doch konnten sie wegen allzu lückenhafter Dokumentation ihrer Daten nicht in die Auswertung einbezogen werden.

4.1.3 Geschlechterverhältnis

Die resultierende Stichprobe von 28 Patienten wies ein *Geschlechterverhältnis* von 78 % Frauen gegenüber 22 % Männern auf. Damit entsprach die Stichprobe chronischer Schmerzpatienten annähernd der in der Literatur beschriebenen Verteilung von 3:1 in der Gesamtpopulation (Kröner-Herwig, 1991).

4.1.4 Altersstruktur

Der *Altersdurchschnitt* lag bei 42,2 Jahren. Die Altersspanne lag zwischen 19 und 64 Jahren, es resultiert eine Standardabweichung (SD) von s = 12,28 Jahren.

4.1.5 Bildungsniveau

Die Stichprobe wies ebenso wie in der Hauptstudie I ein durchschnittliches bis hohes *Bildungsniveau* auf: 39 % der Patienten mit Abitur und 36 % mit Realschulabschluss, 25 % mit Hauptschulabschluss.

4.1.6 Chronische Schmerzstörungen in der Stichprobe

Die *häufigsten chronischen Schmerzstörungen* dieser Stichprobe waren Kopfschmerzen (oft in kombinierten Angaben: Spannungskopfschmerzen, Migräne und medikameninduzierter Kopfschmerz) mit 35 % und Rückenschmerz unterschiedlichster Genese mit 37 % der Nennungen. An dritter Stelle wurde das Störungsbild der Fibromyalgie (12,5 %), gefolgt von neuralgischen Gesichtsschmerzen (10 %) und rheumatoiden Beschwerden (6,5 %) berichtet. Eine Patientin klagte über jahrelanges Zungenbrennen, eine andere über diffuse Zwerchfell- und Bauchraumschmerzen, beide ohne jeglichen pathologischen Befund.

Mehrfachnennungen, vor allem in der Verbindungen Kopf-/Rückenschmerz waren überaus häufig. Mehr als die Hälfte der Patienten gaben mehrere Schmerzlokalisationen gleichzeitig an.

Die *durchschnittliche Dauer der Schmerzstörung* betrug 12,3 Jahre (s = 9,6). In Anbetracht dieser langen „Schmerzkarrieren" galten viele Patienten – aus medizinischer Perspektive – als „austherapiert"; viele zeigten in der Vorgeschichte und zu Beginn der Studie einen erheblichen Gebrauch an Schmerzmedikamenten. Wegen ihrer Hauptdiagnose „Somatoforme Schmerzstörung" nach ICD 10 (F45.4) waren zum Zeitpunkt der Untersuchung 36 % der Patienten aktuell arbeitsunfähig oder bereits frühberentet.

4.1.7 Komorbiditäten in der Stichprobe

Neben der Hauptdiagnose einer somatoformen Schmerzstörung nach ICD-10-Kriterien (F45.4) ergaben sich bei vielen Patienten noch weitere komorbide Diagnosen. Es zeigte sich erneut die Repräsentativität der untersuchten Stichprobe im Hinblick auf die am häufigsten gestellten Komorbiditäten bei chronischen Schmerzpatienten: Depression und Angststörungen.

Bei etwa 70 % der Stichprobe wurde neben der Hauptdiagnose *somatoforme Schmerzstörung* (ICD-10, F45.4) mindestens eine weitere psychische Erkrankungen diagnostiziert. Auch hier, wie schon bei den somatischen Komorbiditäten beschrieben, traten des öfteren Mehrfachnennungen auf. Bei etwa 46 % der Patienten wurde eine weitere Diagnose aus der Gruppe der *Angststörungen*, bei etwa 36 % der Patienten eine Diagnose aus der Gruppe der *affektiven Störungen* und bei etwa 13 % eine *andere somatoforme Störung* gestellt.

Die Klassifikation muss sich an dieser Stelle leider auf die ICD 10-Diagnosen beschränken. Bei vielen Patienten dieser Stichprobe standen die medizinischen Krankheitsfaktoren, neben den aufrechterhaltenden psychischen Faktoren, weiterhin im Vordergrund. Problematisch an der ICD-10-Kategorie „Somatoforme Schmerzstörung" ist aber die Betonung eines *ursächlich* im Zusammenhang mit den chronischen Schmerzen stehenden emotionalen oder psychosozialen Konflikts. Diese Klassifikation beschreibt folglich jede chronische Schmerzstörung als psychische Störung.

Das DSM IV ermöglicht, dieser Gefahr einer Stigmatisierung chronischer Schmerzpatienten als psychisch krank zu entgehen, indem nur noch von einer *Schmerzstörung* gesprochen wird, die entweder *in Verbindung mit psychischen Faktoren* (307.80) oder *in Verbindung mit sowohl psychischen Faktoren als auch einem medizinischen Krankheitsfaktor* (307.89) steht. Ein Nebeneinander von psychischen und somatischen Einflussfaktoren würde dadurch möglich.[3]

4.2 Analgetika und andere Medikamente in der Stichprobe

Der nun folgende Abschnitt soll einen deskriptiven Einblick in die von der Stichprobe verwendeten Medikamente bieten. Von insgesamt 28 Patienten gaben nur 6 Patienten (22 %) *keinen* regelmäßigen Medikamentengebrauch im dokumentierten Zeitraum an; 78 % der Patienten dokumentierten über den gesamten Therapieverlauf 4 mal täglich ihre Einnahmen in den Schmerzprotokollen. Da diese Angaben hinsichtlich der Handelsnamen, Wirkstoffe/Wirkstoffgruppen, Dosierungen und Darreichungsformen äußerst uneinheitlich vorgenommen wurden, wird im folgenden Abschnitt zunächst eine systematische Einteilung der Präparate vorgenommen.[4]

Eine Systematisierung in dieser Form bleibt selbstverständlich nicht unwidersprochen, da einige Medikamente neben primären Anwendungsfeldern auch sekundäre Wirkungen entfalten und in anderer Weise kategorisiert werden können. Die Systematisierung beginnt jeweils mit einem einführenden Text zu jeder Kategorie oder Wirkstoffgruppe und nennt mögliche Anwendungsgebiete. Bei Bedarf wird in verständlichen Worten auch auf Wirkmechanismen, Nebenwirkungen und Kontraindikationen hingewiesen.

Da viele Medikamente Kombinationspräparate darstellen, soll in einfachen, auch Nichtpharmakologen verständlichen Worten das Ziel der Kombination erklärt werden.

Da die Patienten, wie bereits erwähnt, im Verlauf ihrer Therapie oft uneinheitliche Angaben über

Dosierungen und Darreichungsform verzeichneten, wird auf diese Angaben verzichtet. Die Bedeutung dieser Angaben, bzw. des Fehlens dieser Angaben in den Schmerztagebüchern, soll jedoch an einem einfachen Beispiel kurz erläutert werden: Der Wirkstoff *Ibuprofen* wird unter verschiedenen Handelsnamen vertrieben (s. u.). Je eine Tablette kann beispielsweise 200 mg, 400 mg oder als Retardprodukt sogar 800 mg *Ibuprofen* enthalten. Die Dosierung des Medikamentes steht im Zusammenhang mit seiner Wirkungsdauer. Das Retardprodukt mit 800 mg *Ibuprofen* beispielsweise wirkt etwa 10 bis 12 Stunden lang. Das meist verwendete Präparat mit 400 mg etwa 4–6 Stunden. Wenn ein Patient über die Dosierung dieses Medikamentes jedoch nur unzureichende Angaben machte, können die Angaben über die Anzahl eingenommener Tabletten in methodisch-statistischer Weise nicht miteinander verglichen werden.

Ein weiteres Problem ergibt sich aus der unterschiedlichen Potenz der Medikamente. Hierüber können zwar keine objektiven Angaben gemacht werden, doch gibt es für jeden Wirkstoff Erfahrungswerte, die im klinischen Alltag bei der ärztlichen Verordnung genutzt werden. Auch aus diesem Grunde ist ein einfacher Häufigkeitsvergleich ohne Betrachtung verschiedener Wirkstoffgruppen nicht zulässig: Die Einnahme von 10 Tabletten *Paracetamol 500 mg*/Woche kann mit der Einnahme von 10 Tabletten des Opioidabkömmlings *Tramadol*/Woche in keiner Weise verglichen werden. Aus diesem Grunde wurden die Medikamente systematisiert und jede Wirkstoffgruppe einzeln untersucht

4.2.1 Peripher wirkende Schmerzmittel für leichte bis mäßig starke Schmerzen

Acetylsalizylsäure und Kombinationen

Die reinen *Acetylsalizylsäure*-Präparate werden bei leichten bis mäßig starken Schmerzen vor allem des Bewegungsapparates, sowie von Kopf- und Zahnschmerzen eingesetzt. *Acetylsalizylsäure* wirkt entzündungshemmend und kann daher

---

3 Eine Kodierung nach DSM IV-Kriterien wäre bei einigen Patienten und ihrem individuellen Störungsbild also sehr viel angemessener und differenzierter. Leider wurden diese Kriterien aber bei vielen extern behandelten Patienten nicht berücksichtigt. Aus diesem Grunde sei an dieser Stelle nur die ICD-10-Klassifikation erwähnt.

4 Im Weiteren werden die Wirkstoffe kursiv, die Handelsnamen nicht kursiv gedruckt. Die Medikamente unter dem Handelsnamen Aspirin®/Godamed®/ASS® beispielsweise enthalten ausschließlich den Wirkstoff Acetylsalicylsäure.

auch antirheumatisch eingesetzt werden. Für die Behandlung viszeraler Schmerzen und als Dauermedikation chronischer Schmerzerkrankungen ist *Acetylsalizylsäure* wegen seiner Wirkungsweise und der häufigen Nebenwirkungen im Magen-/Darm-Bereich geeignet.

Kombinationspräparate aus *Acetylsalizylsäure* und *Paracetamol* (Thomapyrin® oder Neuralgin®) sollen durch die Zugabe von *Coffein* zu einer stimmungsaufhellenden und anregenden Wirkung und damit zu einer Wirkungsverstärkung beitragen.

Paracetamol und Kombinationen

Paracetamol wird ebenfalls bei leichten bis mäßig starken peripheren Schmerzen eingesetzt. Es ist im Allgemeinen gut verträglich, ohne die häufigen Nebenwirkungen der *Salicylate*; seine fiebersenkende Wirkung fällt deutlich stärker aus, seine entzündungshemmende Wirkung deutlich geringer als bei jenen.

In Verbindung mit einem Antiemetikum („den Brechreiz unterdrückend") wird *Paracetamol* gerne auch bei Migräne verwendet, wenn es neben den migränebedingten Schmerzen auch häufig zu Erbrechen kommt. Als Antiemetikum wurde in dieser Stichprobe *Dimenhydrinat*, ein Antihistaminikum, verwendet; entweder als Kombination zweier Darreichungsformen wie Paracetamoltabletten und Vomex®-Tabletten oder -Zäpfchen oder als fertiges Kombinationspräparat wie Migräflux®.

Als weiterer Zusatzstoff zu *Paracetamol* wird *Codein* eingesetzt. Diese Kombination soll die schmerzlindernde Wirkung des *Paracetamol* verstärken. *Codein* gehört ebenso wie *Morphin* zur Gruppe der *Opioide*, wobei allerdings die schmerzlindernde und euphorisierende Wirkung deutlich geringer ausfällt. Auch das Abhängigkeitsrisiko ist geringer, aber vorhanden. Es wird Schmerzmedikamenten beigesetzt, um die Wirkung des Hauptwirkstoffes zu verstärken.

Das Präparat Thomapyrin® kombiniert *Paracetamol* mit *Acetylsalizylsäure* und *Coffein*. Letztgenanntes soll zur bereits beschriebenen Stimmungsaufhellung und Antriebssteigerung führen. Das Abhängigkeitspotenzial durch diese Kombination mit *Coffein* als psychotroper Substanz ist gut bekannt.

Pyrazolone

Die Stoffgruppe der *Pyrazolone* wirkt ebenfalls peripher analgetisch und stark fiebersenkend. *Pyrazolone* weisen allerdings eine deutlich höhere Potenz als *Paracetamol* und *Acetylsalizylsäure* auf und gelten als relativ starke Medikamente bei akuten und chronischen Schmerzen. Die verwendeten Medikamente Novalgin®/Novaminsulfon®, Migränin® und Propyphenox® enthalten unterschiedliche *Pyrazolonabkömmlinge*. Auf Grund der Gefahr erheblicher Nebenwirkungen wurde aus dieser Gruppe z. B. der Wirkstoff *Metamizol* (Novalgin®/Novaminsulfon®) der Rezeptpflicht unterstellt und in Kombinationspräparaten nicht mehr verwendet. Interessant ist die Zusammensetzung des Präparates Migränin®. Wie der Name schon verrät, soll es vorrangig bei Migränebeschwerden eingenommen werden. Neben dem schmerzlindernden *Phenazon* enthält es auch *Coffein*, um der zentralen Vasodilatation bei Migräne entgegenzuwirken: Die Schmerzen werden bei Migräne vorrangig auf die Folgen verstärkter zentraler Vasodilatation und begleitender Komplikationen zurückgeführt. *Coffein* wirkt vasokonstriktorisch auf periphere und zentrale Blutgefäße.

Nicht-steroidale Antiphlogistika/ Antirheumatika (NSAR)

NSAR-Präparate werden bei leichten bis mittelstarken Schmerzen eingesetzt. Ziel der medikamentösen Therapie mit *NSAR* ist die Linderung des Schmerzes durch Hemmung einer entzündlichen Reaktion. Damit können z. B. Beweglichkeit und Gelenkfunktionen verbessert werden. Es gilt jedoch, die niedrigste Dosis zu finden, da auch diese Stoffgruppe bei Überdosierung oder Dauermedikation zu erheblichen, insbesondere gastrointestinalen Nebenwirkungen (z. B. Blutungen) führen kann.

Häufig finden sie Anwendung bei akuten und chronischen Gelenkschmerzen unterschiedlichster Genese, u. a. rheumatischen, weichteilrheumatischen oder fibromyalgischen Beschwerden und starken Menstruationsschmerzen (*Ibuprofen*).

Adjuvantien

Peripher wirkende Muskelrelaxantien, wie z. B. *Butylscopolamin* (Buscopan®) nehmen über ihre entspannende Wirkung Einfluss auf das Schmerzgeschehen. Auch *Glukokortikoide* müssen an dieser Stelle erwähnt werden, da sie infolge ihrer entzündungshemmenden Wirkung ebenfalls analgetisch eingesetzt werden.

Zusammenfassend sei nochmals daran erinnert, dass neben den *Glukokortikoiden* auch *Acetylsalizylsäure*, *NSAR* und *Pyrazolone* entzündungshemmend (antiphlogistisch) wirken. Gerade diese antiphlogistische Wirkung dieser Analgetika kann ebenfalls bei denjenigen Schmerzbeschwerden sinnvoll eingesetzt werden, die mit degenerativen Erscheinungen, Entzündungen oder Reizungen einhergehen.

4.2.2 Migränemittel

Die Migräne nimmt unter den vielen Schmerzzuständen eine Sonderstellung ein, da sie mit den üblichen Analgetika oft schwerer zu beeinflussen ist.

Bei Migräne wurden verschiedene *Serotoninantagonisten*, *Ergotamine* und *Paracetamol* in verschiedenen Kombinationspräparaten eingenommen.

Serotoninantagonisten werden als Monopräparate eingesetzt. *Serotonin* scheint bei den pathophysiologischen Mechanismen der extrakraniellen Weitstellung (Dilatation) und Überdehnung (Distension) eine wichtige Rolle zu spielen.

Ergotamine wirken über zentrale Steuerungsmechanismen vasokonstriktorisch und ebenfalls serotonin-antagonistisch. Sie entfalten diese Wirkung grundsätzlich an allen arteriellen und venösen Gefäßen, also auch an den extrazerebralen Gefäßen.

Serotoninantagonisten (v. a. *Ergotamine*) werden bei einem akuten Anfall eingesetzt. Problematisch sind sie bei älteren Patienten mit koronaren Herzerkrankungen, da sie auch am Herzmuskel zu einer Vasokonstriktion führen und die Gefahr eines Herzinfarkts verstärken können. Sie sind absolut kontraindiziert bei bereits vorhandenen Leber- und Nierenschäden, Gefäßschädigungen jedweder Art und in der Schwangerschaft.

4.2.3 Lokalanästhetika

Lokalanästhetika werden als lokale Infiltration, z. B. bei akuten Rückenschmerzen verwendet. Durch eine Blockade peripherer Nervenendigungen wird die Schmerzweiterleitung unterbrochen

und der sich aufschaukelnde Zyklus von Schmerz – Verspannung – Schmerz kann im frühen Stadium durchbrochen werden.

4.2.4 Opioide und Abkömmlinge

Die analgetische Wirkung der *Opioid* ist ausschließlich im ZNS lokalisiert. *Opioide* imitieren, wenn sie an entsprechenden Neurorezeptoren „andocken", eine Aktivierung des körpereigenen (endogenen) Schmerzhemmsystems. Sie dämpfen außerdem im Limbischen System die affektive Schmerzverarbeitung und nehmen schmerzhemmenden Einfluss auf absteigende und aufsteigende Bahnen der Schmerzweiterleitung. Sie wirken in unterschiedlichem Ausmaß atemdepressiv und unterdrücken den Hustenreiz. Aus diesem Grunde wird beispielsweise *Codein* als „Hustenstiller" eingesetzt. Bei Asthma oder anderen chronischen Lungenerkrankungen sind sie kontraindiziert.

Opioide und ihre Derivate gelten als starke bis sehr stark wirksame Schmerzmittel. Sie unterscheiden sich in ihrer analgetischen Potenz deutlich voneinander. *Morphin*, welches sich in der Patientenstichprobe nicht fand, wirkt beispielsweise vierfach stärker als *Tramadol* (Tramal®/ Tramundin®).

Im Präparat Valoron N® ist die Zusammensetzung interessant: Das Opioid *Tilidin* wurde durch den Morphinantagonisten *Naloxon* ergänzt, um die suchterzeugende und euphorisierende Wirkung des *Tilidin* abzuschwächen. Nicht selten nehmen Patienten morphinagonistisch und antagonistisch wirkende Opioide gleichzeitig ein, ohne über die sich aufhebende Wirkung informiert zu sein. Auch diese Fehlanwendungen können zu stetiger Dosissteigerung beitragen.

4.2.5 Neuroleptika

Das primäre Indikationsgebiet eines Neuroleptikums sind zerebrale Krampfleiden. Neuroleptika erhöhen die Krampfschwelle und reduzieren die Anfallshäufigkeit. Neben dieser primären Indikation finden einige Substanzen auch als Schmerzmittel bei schweren Neuralgien/Neuropathien (z. B. Trigeminusneuralgien) Anwendung. Zum Teil sind sie hier sogar das erste Mittel der Wahl.

4.2.6 Antidepressiva

Etwa ein Drittel der Patienten wies klinisch relevante depressive Symptome auf, zum Teil unabhängig, zum Teil aber auch in Folge ihrer Schmerzstörung.

Die therapeutisch nutzbaren Eigenschaften der Antidepressiva sind im Wesentlichen eine Kombination aus den Qualitäten:
– anxiolytisch und psychomotorisch dämpfend
– depressionslösend und stimmungsaufhellend
– psychomotorisch aktivierend.

Man bezieht diese Einzelwirkungen auf mehr oder minder deutliche Prototypen von Antidepressiva, auf die hier nicht näher eingegangen werden kann. Alle vier in dieser Stichprobe vorgefundenen Wirkstoffe (*Amitryptilin*, *Trimipramin*, *Sertralin* und *Mirtazapin*) wirken eher dämpfend und angstlösend. Neben ihrer antidepressiven Wirkung können durch die dämpfende und anxiolytische Wirkung auch schmerzrelevante Faktoren wie z. B. Muskeltonus und Schmerzwahrnehmung beeinflusst werden. *Mirtazapin* (tetrazyklisches Antidepressivum) soll diese schmerzstillende Wirkung sogar gezielt entfalten. Die ersten drei Antidepressiva sind trizyklische Antidepressiva. Sie hemmen die Wiederaufnahme von *Serotonin* und *Noradrenalin* und erhöhen somit die Verfügbarkeit der Neurotransmitter im synaptischen Spalt. Arzneimittelwechselwirkungen findet man u. a. als Potenzierung der Wirkung von Antidepressiva mit *Alkohol* und *Benzodiazepinen* (Tranquilizern).

4.2.7 Benzodiazepine

Benzodiazepine wirken allgemein zentral sedativ, anxiolytisch und muskelrelaxierend. Sie beeinflussen die Persönlichkeit in quantitativer, nicht in qualitativer Hinsicht: Die generelle Dämpfung der ZNS-Tätigkeit mit begleitender Müdigkeit und Konzentrationsschwäche führt zur Einschränkung intellektueller und psychomotorischer Funktionen. Die Vielzahl unerwünschter Nebenwirkungen soll an dieser Stelle jedoch nicht weiter vertieft werden.

Bei chronischen Schmerzen werden sie als begleitende Medikation eingesetzt, um innere Unruhe, erhöhten Tonus, und muskuläre Spannungszustände zu verringern. Sie sind abhängigkeitserzeugend, sowohl als Schlafmittel (*Lormetazepam*, Noctamid®) als auch als so genannte Tranquilizer

(*Diazepam*, Valium® und *Lorazepam*, Tavor®), nicht zuletzt durch die Gefahr einer Toleranzentwicklung, die den Patienten zu einer Dosissteigerung zwingt: Eine Daueranwendung bedeutet psychische Abhängigkeit.

Ihre Wirkdauer beträgt 10 Stunden und länger. Mit zunehmendem Lebensalter nimmt die Eliminationshalbwertszeit für *Diazepine* ab, so dass es bei Dauereinnahme unbeabsichtigt zu einer toxischen Kumulation kommen kann.

4.3 Instruktionen und Fragebögen

4.3.1 Edukationsfilm für chronische Schmerzpatienten

Allgemein wird der patientengerechten Informationsvermittlung im verhaltenstherapeutischen Kontext großer Stellenwert beigemessen. Neben der Erarbeitung eines gemeinsamen Störungskonzepts und der Planung realistischer Therapieziele sind auch die Transparenz des therapeutischen Prozesses und damit die Glaubwürdigkeit und Plausibilität der angewandten Methode Ziel jedes edukativen Bausteines. So wurde der „Edukationsfilm für chronische Schmerzpatienten" (Kröner-Herwig, 1991, neue Version 2003) den Patienten als einführende, informative Grundlage präsentiert. Theoretische Grundlage des Patientenfilms ist das Gate-Control-Modell, da es zur Erarbeitung eines erweiterten Störungsmodells gerade für Laien eine anschauliche Basis darstellt: Die Zusammenhänge zwischen physiologischen Prozessen, Stimmung, Verhalten und Schmerz werden in diesem Film plausibel dargestellt und in ein integratives Stressmodell überführt. Selbstwirksame, aktive Einflussmöglichkeiten auf das schmerzverstärkende Stresserleben werden thematisiert. Durch diese Erläuterungen konnte dann im Anschluss an die Videopräsentation die Zielsetzung des Programms „verhaltenstherapeutische Hypnose bei chronischem Schmerz" als *eine* Möglichkeit der Einflussnahme auf den Teufelskreis *Schmerz-Muskelspannung-Stress-Schmerz* plausibel vermittelt werden.

4.3.2 Informationen über Hypnose

Das Patienteninformationsblatt (siehe Teil III und Anhang) über Hypnose wurde zu Beginn der Studie den Patienten schriftlich ausgehändigt und/

oder gemeinsam gelesen, um etwaige allgemeinere Fragen zu klären. Inhaltlich sollte das Patienteninformationsblatt dazu dienen, Fehlinformationen, Aberglauben und Ängste über Hypnose anzusprechen und gegebenenfalls in einem nachfolgenden Gespräch mit dem Therapeuten auszuräumen.

Gegen Ende des Blattes wurde darauf hingewiesen, dass der Therapiebaustein „Hypnose" nur *eine* Teilkomponente des gesamten Programms darstellt. Den genauen Wortlaut und inhaltliche Details können dem Patienteninformationsblatt im Anhang entnommen werden.

4.3.3 Instruktion zur Testung der Suggestibilität

Die Suggestibilitätsparameter der SHSS (Stanford Hypnotic Susceptibility Scale; Weitzenhofer & Hilgard, 1959) wurden in einer als Screening modifizierten Kurzversion von Jacobs und Dreisörner (1997) den Patienten dargeboten. Fünf Items (Lidschluss, Augenkatalepsie, Senken des linken Armes, Unbeweglichkeit den rechten Armes, Steifheit des linken Armes) wurden sowohl durch den Therapeuten als auch durch den Patienten im Anschluss an die Testung auf einer 5-stufigen Lickertskala eingeschätzt. Ein Cut-Off-Score trennt eindeutig die geeigneten von den nicht ausreichend suggestiblen Patienten. Die Bearbeitung dauert etwa 30 Minuten.

Die wörtlich vom Therapeuten vorzulesende Instruktion zur Testung der Suggestibilität des Patienten und der Fragebogen finden sich in Teil III und im Anhang.

4.3.4 Instruktion zur Hypnoseinduktion

Nach der Induktion eines Trancezustandes durch Augenfixation und Entspannungssuggestionen folgte eine Anleitung zur Ganzkörperdissoziation und eine Teildissoziation der/des schmerzenden Körperteils. An dieser Stelle bietet das Hypnoseinduktionsscript Freiraum zur individuellen Ausgestaltung einer Entspannungssituation. Diese Situation sollte vor Beginn der Hypnoseinduktion mit dem Patienten möglichst plastisch/ausführlich imaginiert werden: Akustische, taktile, visuelle Erinnerungen können somit in den standardisierten Text eingearbeitet werden. Selbstverständlich besteht die Möglichkeit, eine zu Beginn der Stu-

die eingeführte Entspannungsszene im Verlauf des Therapieprogramms zu verändern oder sogar auszutauschen: So konnte ein eingangs beschriebener Strand auf Sylt ersetzt werden durch eine Urlaubssituation in den Bergen. Jede veränderte Hypnoseinduktion wurde auf der als Hausaufgabe zu übenden Kassette aktualisiert.

Die Hypnoseinduktion liegt ebenfalls als schriftliche Instruktion vor und wird den Patienten standardisiert vorgelesen, um etwaige Therapeuteneffekte zu vermeiden. Die gesamte Durchführungsdauer nimmt pro Therapiestunde etwa 20 Minuten in Anspruch. Die exakte Dauer kann mit dem Lesetempo des Therapeuten und der Pausenlänge zwischen einzelnen Abschnitten leicht variieren. Der vollständige Text findet sich in Teil III und im Anhang.

4.3.5 Fragebögen zur Erfassung der Eingangskriterien

Neben der bereits beschriebenen *Kurzversion der SHSS* (Jacobs & Dreisörner, 1997) zur Testung der Suggestibilität wurde ein *Anamnesebogen* mit soziodemographischen Daten, Vorbehandlungen und schmerzrelevanten Fragen und das MINI-DIPS (Margraf, 1994) zur Diagnostik nach ICD-10-Kriterien (Hauptdiagnose: somatoforme Schmerzstörung F45.04 und eventuelle komorbide Störungen) eingesetzt.

Fragebögen zur Erfassung der Symptomatik

Der *Patientenbogen (PB)* der Deutschen Gesellschaft zum Studium des Schmerzes e.V. (DGSS, Pfingsten, 2000) stellt ein Fragebogenpaket zur Erfassung von Schmerz-Stimmungs- und Funktionsparametern dar. Des Weiteren enthält der Patientenbogen den Pain Disability Index (PDI, deutsche Fassung von Dillmann et al., 1994) mit Fragen zu schmerzbedingten Beeinträchtigungen in verschiedenen Lebensbereichen.

Die Beschwerdeliste (BL, Zerssen, 1986) ist ein Fragebogen zur Erfassung von 24 psychosomatischen Beschwerden.

Der Patientenbogen enthält ebenfalls die Allgemeine Depressivitätsskala (ADS, Hautzinger & Bailer, 1993) mit 20 Items zur Selbsteinschätzung depressiver Symptome.

Die Symptom-Checkliste (SCL-90-R, Franke, 1995) misst die subjektiv empfundene Belastung durch 90 vorgegebene körperliche und psychische Symptome auf mehreren Skalen.

Schmerztagebuch

Das *Schmerztagebuch* (s. Teil III, Anhang) wurde aus verschiedenen Schmerztagebüchern entwickelt. Es ist somit auf die besonderen Erfordernisse dieser Studie angepasst und dient der ausführlichen Dokumentation des Behandlungsverlaufes über die viermal täglich einzuschätzende *Schmerzstärke* (von „0" bis „10" = unerträglich).

Weiter wurden erfasst: die *Dauer der Schmerzen*, das *Ausmaß der Aktivitätsbeeinträchtigungen* durch die Schmerzen, die *Stimmung*, die *Medikamenteneinnahme*, die *körperlichen und psychischen Belastungen*. Die Medikamente sollten ebenfalls viermal täglich angegeben werden. Die Patienten wurden gebeten, Wirkstoffe oder Handelsnahmen in der entsprechenden Dosierung anzugeben. Die *Anwendung der Bewältigungsmaßnahmen* (v. a. Hypnosekassette zu Hause) und

ihre Auswirkung auf das Schmerzerleben sollten ebenfalls dokumentiert werden. Die Schmerzstärke sollte vor, während und nach jeder Anwendung auf der vertrauten 11-stufigen Skala vermerkt werden.

Das Schmerztagebuch diente vor allem therapeutischen Zwecken, indem es in strukturierter Form die Selbstwahrnehmung und Selbstkontrolle im Alltag verbesserte. Das Schmerztagebuch wurde in jeder Therapiestunde detailliert besprochen. So konnten Zusammenhänge zwischen Schmerz, Stimmung, Aktivität und Einsatz der Medikamente deutlich gemacht werden.

Therapieprotokollbögen

Auf den *Therapieprotokollbögen* wurden Veränderungen in der Hypnoseinduktion und die Angaben zur *Schmerzstärke „vor/während/nach der Heterohypnose"* vermerkt. Es bietet auch Raum für Vermerke des Therapeuten z. B. über besondere Vorkommnisse in der Woche. Im Anhang (Teil III) findet sich ein Muster diese Protokollbogens.

Kapitel 5

Ergebnisse

5.1 Ergebnisse zur Schmerz-reduktion

Die einseitigen t-Tests zwischen den Messzeit-punkten T1 und T5 (Therapieende) und T1 und T7 (Katamnese) erbrachten für alle erhobenen Variablen eindeutige Ergebnisse: Sowohl die durchschnittliche Schmerzstärke (SSØ und SSØtb) als auch die höchste Schmerzstärke (SS↑) nahmen in hochsignifikantem Ausmaß ab[5]. Dies bedeutet, dass die Patienten durch die 9-wöchige Therapie eine eindeutige Verringerung ihrer Schmerzen erlebten und diese Verbesserung über den Katamnesezeitraum stabil blieb. Es wurden über alle Variablen zur Messung der Schmerzstärke gemittelte

Effekte um 1.3 am Ende der Therapie und katamnestisch um 1.6 erreicht.

Im Wartezeitraum (T1/T3) traten ebenfalls nennenswerte Veränderungen mit Effekten um .30 auf. Allerdings wurden diese Unterschiede im Wartezeitraum nicht signifikant ($\alpha/2 = 0{,}025$). Würden diese dennoch zur Minderung des Effektes am Ende der Therapie herangezogen, so resultierte ein durchschnittlicher Effekt von 1.0. Katamnestisch errechnete sich nach dieser Minderung ein Effekt von 1.3. Die Korrelationen zwischen den Messwertpaaren liegen zwischen .83 und .14 (im Mittel .50). In Tabelle 1 können die Ergebnisse im Einzelnen nachvollzogen werden.

Tabelle 1:
Schmerzveränderung im Wartezeitraum, bei Therapieende und katamnestisch

Schmerz-veränderung		MW	SD	N df=n−1	Gepaarte Differenzen MW	Gepaarte Differenzen SD	d_{krit}	d_{emp}	t_{emp}	Korr. r	Signifikanz p ($\alpha = 0{,}05$) ($\alpha/2 = 0{,}025$)
(SSØtb)	T1	4,03	1,86	28	0,33	1,14	.80	0,29	1,53	.83	0,138
	T3	3,70	2,01								
(SSØ)	T1	5,89	1,23	28	0,46	1,59	.80	0,29	1,54	.41	0,136
	T3	5,43	2,14								
(SS↑)	T1	8,46	1,86	28	0,67	1,56	.80	0,43	2,29	.48	0,030
	T3	7,78	1,52								
(SSØtb)	T1	4,03	1,86	28	1,58	1,17	.80	1,35	7,15	.78	0,000
	T5	2,45	1,52								
(SSØ)	T1	5,89	1,52	28	2,21	1,68	.80	1,31	6,95	.32	0,000
	T5	3,68	1,36								
(SS↑)	T1	8,46	1,23	28	2,39	1,95	.80	1,23	6,49	.44	0,000
	T5	6,07	2,14								
(SSØ)	T1	5,84	1,51	26	2,57	1,45	.80	1,78	9,08	.57	0,000
	T7	3,26	1,61								
(SS↑)	T1	8,42	1,23	26	2,77	2,58	.80	1,42	5,47	.14	0,000
	T7	5,65	2,45								

---

5 Der Ausdruck „hochsignifikant" bezeichnet in diesem Falle in verbaler Umschreibung die SPSS-Signifikanz von 0.000. Auf kritische Anmerkungen zu dieser Notation wird an dieser Stelle verzichtet. Es wird auf die weitaus aussagekräftigeren empirischen Effektstärken zur abschließenden Bcurteilung hingewiesen.

Interessant erscheint ein Vergleich zwischen den Mittelwerten der durchschnittlichen Schmerzstärke (SSØ und SSØtb). Der mittlere Wert im Tagebuch lag sowohl in der Prä- als auch in der Postmessung deutlich unter den Angaben im Fragebogen[6]. Die Patienten schätzten ihre Schmerzen rückblickend also deutlich höher ein, als diese im Mittel tatsächlich waren: Während die Patienten bei Therapiebeginn im Fragebogen eine durchschnittliche Schmerzstärke von annähernd 6 angaben, die sich am Therapieende auf etwa 3,7 verringerte, lag der Ausgangswert im Tagebuch bei 4 und verringert sich auf etwa 2,5. Es resultierte eine mittlere Schmerzstärke von annähernd 5 zu Therapiebeginn.

Ebenso eindeutige Ergebnisse erbrachte auch die trendanalytische Testung dieser Daten über die gleichabständigen Messzeitpunkte T1, T3, T4 und T5. Der Verlauf der abhängigen Variablen (SSØ, SSØtb, SS↑) wird trotz geringfügiger Varianzaufklärung durch quadratische und kubische Trends eindeutig als linear beschrieben. Quadratische und kubische Trends erreichten die Signifikanzgrenze nicht annähernd. Dies bedeutet eine gleichmäßige Schmerzreduktion über den Therapieverlauf über alle Patienten hinweg für alle drei Variablen. Tabelle 2 zeigt die Ergebnisse der Trendanalysen.

5.1.1 Veränderungen im Schmerzniveau

Die Erwartungen, dass dieses weitgehend standardisierte Therapieprogramm, wie es in Teil III diese Buches beschrieben ist, zu einer erheblichen Verringerung im Schmerzniveau der Patienten führen würde, können als bestätigt gelten. Die Ergebnisse aller erhobenen Variablen weisen in eine erfreuliche Richtung: Nach Abzug der Effekte im Wartezeitraum (um $d = .30$) verringert sich das Schmerzniveau der Patienten am Ende der Therapie mit einer Effektstärke von 1.0, katamnestisch sogar mit einer Effektstärke von 1.13. Letzteres Ergebnis kann als ein deutlicher Hinweis auf eine gelungene Verbesserung in der Selbstkontrollfähigkeit und damit der Unabhängigkeit der Patienten gewertet werden. Auch die Erwartung, dass die Veränderungen einem linearen Trend folgen würden, hat sich bestätigt. Dies spricht für einen kontinuierlichen Übungseffekt, der an späterer Stelle ausführlicher diskutiert wird. Mit diesem Resultat kann das Ergebnis der Hauptstudie I mit $n = 14$ repliziert werden. Hier wurden Effektstärken über $d = 1$ für alle Schmerzvariablen nachgewiesen (Jacobs, Strack, Bode & Kröner-Herwig, 2001).

In Anbetracht der hohen Ausgangsbelastung von durchschnittlich 5 auf einer 11-stufigen Skala und

Tabelle 2:
Trendanalyse der Schmerzstärkevariablen

Trends über die vier Messzeitpunkte T1, T3, T4, T5		MSQ_{trend} (df = 1)	MSQ_{fehler} (df = 27)	$F_{(1/27)}$	Signifikanz p (ungerichtet) ($\alpha/2 = 0.05$)
Durchschnittliche Schmerzstärke Tagebuch (SSØtb)	**linear**	40,62	0,96	42,23	.000
	quadratisch	0,55	0,79	0,69	.41
	kubisch	0,17	0,72	0,24	.63
Durchschnittliche Schmerzstärke Fragebogen (SSØ)	**linear**	78,00	1,57	49,61	.000
	quadratisch	1,51	0,99	1,52	.23
	kubisch	8,75	0,66	0,13	.72
Höchste Schmerzstärke (SS↑)	**linear**	78,75	2,51	31,43	.000
	quadratisch	3,57	2,57	1,39	.25
	kubisch	2,86	0,84	3,39	.07

---

6 Letzterer beruht ebenfalls auf der bekannten 11-stufigen Skala, wird aber nur rückblickend für die letzte Woche von den Patienten eingeschätzt, während der Mittelwert aus insgesamt 28 Tagebuchdaten pro Patient berechnet wird. Zur Erinnerung: Täglich vier Beurteilungen auf der 11-stufigen Skala an 7 Tagen pro Woche ergeben insgesamt 28 Einzeldaten pro Woche.

einer durchschnittlichen Schmerzgeschichte von 12,3 Jahre erscheint das Ergebnis zur Reduktion der Schmerzintensität besonders erfreulich, zumal vergleichbare Untersuchungen zur Verringerung der Schmerzintensität durch verhaltenstherapeutische Schmerzprogramme *ohne* Hypnoseintervention deutlich geringere Effekte nachweisen können (Basler, Jäkle & Kröner-Herwig, 1996, 1997). Klinger et al. (1999) berichten von annähernd hohen Effekten um .85 für die Schmerzreduktion nach einem multimodalen und stationären Programm für Rückenschmerzpatienten. An dieser Studie waren jedoch das Fehlen jeglicher Kontroll- oder Wartegruppen zu beklagen. So ähneln die Effekte dieser Studie eher den von Flor und Turk (1996) in einer Metaanalyse aus dem angloamerikanischen Raum berichteten: Für multimodale psychologische Schmerztherapien wurden dort Reduktionen um .90 erzielt.

5.2 Ergebnisse zur Schmerzreduktion durch Hetero- und Autohypnose

Die Daten hierzu stammten aus den wöchentlichen Vermerken in den Therapieprotokollen durch den Therapeuten (Heterohypnose) und den täglichen Tagebuchangaben der Patienten, die den Einsatz der Autohypnose mittels Audiokassette widerspiegeln. Beide Datenquellen gaben den Schmerzzustand vor, während und nach der Hypnose wieder. Verglichen wurden die Schmerzstärke *vor* der Hypnose mit der Schmerzstärke *während* der Hypnose und die Schmerzstärke *vor* der Hypnose mit der Schmerzstärke *nach* der Hypnose.

Auch hier zeigten die statistischen Tests eindeutige Ergebnisse: Sowohl die Paarvergleiche der Autohypnose durch die Audiokassette als auch die Paarvergleiche der Heterohypnose durch den Therapeuten wurden bei einseitiger Testung hochsignifikant. Tabelle 3 dokumentiert die Ergebnisse der statistischen Tests.

Die Heterohypnose erweist sich mit einer Effektstärke um $d = 1.8$ der Autohypnose (Effektstärke um $d = 1.35$) als leicht überlegen. Interessant erscheint die Beobachtung, dass sich die Patientenangaben über die Schmerzstärke *vor* Anwendung der jeweiligen Hypnose nicht unterscheiden: Die Patienten berichten dem Therapeuten (Heterohypnose) annähernd die gleiche Schmerzbelastung wie sie dieselbe auch zu Hause im Tagebuch vermerken (Autohypnose). Die Ergebnisse zeigen somit, dass es den Patienten mithilfe beider Hypnoseanwendungen gelingt, ihr aktuelles Schmerzniveau während und nach der Hypnose im Vergleich zum Schmerzniveau vorher in ganz erheblichem Ausmaß zu senken.

5.2.1 Wirksamkeit der Auto- und Heterohypnose

In der vorangegangenen Hauptstudie I (mit $n = 12$ auswertbaren Patienten für die Hypnose) wurden starke Effekte um 2.4 für die Wirksamkeit der Heterohypnose und Effekte um 2.1 für die Autohypnose erzielt.

In der vorliegenden Hauptstudie II konnten ebenfalls starke Effekte erzielt werden. Durch die An-

Tabelle 3:
Aktuelle Schmerzveränderung durch Hetero- und Autohypnose

Aktuelle Schmerzveränderung		MW	SD	N df = n−1	Gepaarte Differenzen MW	Gepaarte Differenzen SD	d_{krit}	d_{emp}	t_{emp}	Korr. r	Signifikanz p (einseitig) α = 0,05
Schmerzreduktion durch Autohypnose	vor währ.	3,62 1,31	1,83 1,42	26	2,31	1,59	.80	1.45	22,21	.55	,000
	vor nach	3,62 2,28	1,83 1,55	26	1,34	1,08	.80	1.24	18.98	.81	,000
Schmerzreduktion durch Heterohypnose	vor währ.	3,74 0,64	1,95 1,19	26	3,11	1,56	.80	1.99	30,48	.60	,000
	vor nach	3,74 1,35	1,95 1,58	26	2,40	1,48	.80	1.61	24,69	.67	,000

wendung der Heterohypnose wurden in dieser Studie Effekte von 1.8 und durch die Autohypnose Effekte von 1.35 erreicht. Diese Ergebnisse demonstrieren erneut die gute analgetische Wirkung hypnotischer Dissoziation, wenn auch die Wirkmechanismen noch nicht gänzlich geklärt sind. Damit können die Ergebnisse der Hypnosewirkung in Beziehung gesetzt werden zu den Ergebnissen der Schmerzreduktion durch das Therapieprogramm (siehe 5.1): Die katamnestisch zu beobachtenden Verbesserungen in der Reduktion der Schmerzstärke geben Hinweise darauf, das die Patienten das in der Therapie erlernte Hilfsmittel „Hypnose" selbstständig anwenden können. Die Ergebnisse geben weiterhin berechtigten Grund zur Annahme, dass die Patienten mit der Autohypnose ein effektives Instrument zur Schmerzreduktion erlernen können, welches im Sinne verhaltenstherapeutischer Maximen ihre Selbstwirksamkeitserwartungen steigert und erlernte Überzeugungen der eigenen Hilflosigkeit mindert. Die große Mehrheit der Patienten wandte die Kassettenhypnose tatsächlich mindestens zweimal täglich an. Vielen Patienten gelangen die Übungen gegen Ende der Therapie auch gänzlich ohne Kassette in zufriedenstellender Weise. Offensichtlich konnten die Patienten auch ohne individuelle hypnotische Führung (Rapport) zu einer angemessenen Form selbstinduzierter Trance finden.

5.3 Ergebnisse zur Verbesserung der Funktionsfähigkeit im Alltag

Analysiert wurden die Scores der Beschwerdeliste (BL; Zerssen, 1986) und drei Bereiche des PDI (Pain Disability Index; deutsche Fassung von Dillmann et al., 1994): Berufliche Tätigkeiten, Erholungsmöglichkeiten und soziale Aktivitäten. Auch hier wurden die Variablen im direkten Prä-Postvergleich und im Prä-Katamnesevergleich einander gegenübergestellt. Alle Variablen wurden in vierwöchigen Abständen erhoben.

Die statistischen Ergebnisse zeigten in eine eindeutige Richtung: Alle einseitigen t-Tests zwischen den Zeitpunkten T1/T5 und T1/T7 wurden hochsignifikant. Eine detailliertere Sicht ermöglicht an dieser Stelle wiederum ein Blick auf die empirischen Effektgrößen, wie aus Tabelle 4 ersichtlich wird.

Zu Therapieende wurden Funktionsverbesserungen mit Effektstärken von .80 bis 1.2 (durchschnittlich um 1.0) erreicht. Zum Katamnesezeit-

punkt (T7) wurden Effektstärken zwischen 1.0 und 1.5 (durchschnittlich 1.2) erreicht. Bei fast allen Variablen fanden sich katamnestisch weitere Verbesserungen.

Die Korrelationen zwischen Messwertpaaren fielen sehr hoch aus, sie schwankten zwischen .48 und .77 (im Mittel .57).

In der Hauptstudie I (Jacobs, Strack, Bode & Kröner-Herwig, 2001) wurden ebenfalls bereits im Kontrollzeitraum Verbesserungen deutlich, die als unspezifische Effekte in Erwartung einer Therapie anerkannt wurden. Sie erreichten Effekte um .40. Diese Tendenz verstärkte sich in der vorliegenden Studie: Bereits im Wartezeitraum traten Effekte um $d \approx .50$ ein. Einige Veränderungen im Wartezeitraum wurden signifikant. Würden diese Effekte vom Gesamterfolg zu Therapieende und katamnestisch subtrahiert, resultierte ein mittlerer Effekt um .50 am Ende der Therapie und ein starker Effekt um .80 katamnestisch.

Die Trendanalyse beschreibt die Veränderung aller 4 Variablen hinsichtlich einer Verringerung der Beeinträchtigungen als linear, wie aus Tabelle 5 ersichtlich wird.

Die Ergebnisse zeigen sowohl eine kurz- als auch langfristige Besserung der alltäglichen Funktionsfähigkeit und des allgemeinen Befindens mit mittlerem bis starkem Effekt in linearem Verlauf.

5.3.1 Verbesserungen der Funktionsfähigkeit

Das Therapieprogramm führte erwartungsgemäß sowohl zu Verbesserungen im allgemeinen Wohlbefinden als auch zu Verbesserungen in ausgewählten Bereichen wie beruflicher Tätigkeit, sozialer Aktivität und dem Wahrnehmen von Erholungsmöglichkeiten. Die Veränderungen folgen einem linearen Verlauf.

Am Ende der Therapie wurden Effekte von durchschnittlich .98, katamnestisch sogar von 1.13 erreicht. Da jedoch bereits im Wartezeitraum mittlere Effekte um .47 zu beobachten waren, konnten diese erfreulichen Veränderungen nicht allein auf das Therapieprogramm zurückgeführt werden. Sie müssen also als unspezifische Effekte (Erwartungseffekte) anerkannt werden. Nach Abzug dieser unspezifischen Effekte kann ein Rückgang der Beeinträchtigungen mit mittlerer Effektstärke

Tabelle 4:
Funktionsveränderungen im Wartezeitraum, zu Therapieende und katamnestisch

Funktions- veränderung		MW	SD	N df = n–1	Gepaarte Differenzen		d_{krit}	d_{emp}	t_{emp}	Korr. r	Signifikanz p (α = 0,05) (α/2 = 0,025)
					MW	SD					
Erholung	T1	5,46	2,63	28	1,00	1,90	.80	0,52	2,78	.73	,010
	T3	4,46	2,59								
Aktivität	T1	5,28	2,59	28	0,78	2,18	.80	0,36	1,90	.67	,068
	T3	4,50	2,75								
Beruf	T1	5,52	2,90	27	0,89	2,27	.80	0,39	2,03	.66	,053
	T3	4,63	2,56								
BL	T1	30,4	12,8	27	5,78	9,10	.80	0,63	3,20	.72	,003
	T3	24,6	11,2								
Erholung	T1	5,46	2,63	28	2,43	1,95	.80	1,24	6,58	.70	,000
	T5	3,03	2,36								
Aktivität	T1	5,28	2,59	28	2,25	2,58	.80	0,87	4,62	.49	,000
	T5	3,03	2,50								
Beruf	T1	5,52	2,90	27	2,15	2,69	.80	0,80	4,14	.50	,000
	T5	3,37	2,47								
BL	T1	30,4	12,8	27	11,00	11,59	.80	0,94	4,93	.48	,000
	T5	19,4	8,82								
Erholung	T1	5,38	2,53	26	2,58	1,77	.80	1,46	7,42	.78	,000
	T7	2,81	2,67								
Aktivität	T1	5,19	2,48	26	2,58	2,33	.80	1,10	5,63	.56	,000
	T7	2,61	2,53								
Beruf	T1	5,40	2,86	25	2,76	2,44	.80	1,13	5,66	.62	,000
	T7	2,64	2,72								
BL	T1	32,8	10,9	21	13,38	10,77	.80	1,24	5,68	.46	,000
	T7	19,4	9,58								

Tabelle 5:
Trendanalyse der Variablen zur Funktionsveränderungen

Trends über die vier Messzeitpunkte T1, T3, T4, T5		MSQ_{trend} (df = 1)	MSQ_{fehler} (df = 27)[7]	$F_{(1/27)}$	Signifikanz p (ungerichtet) (α/2 = 0,05)
Erholung (erh)	linear	90,40	2,02	44,83	.000
	quadratisch	0,72	1,46	0,49	.488
	kubisch	4,46	1,02	0,04	.836
Aktivität (akt)	linear	78,00	3,53	22,08	.000
	quadratisch	8,93	2,17	0,00	.949
	kubisch	1,61	0,89	0,18	.894
Beruf (ber)	linear	66,85	4,24	15,75	.001
	quadratisch	0,33	2,41	0,14	.713
	kubisch	0,18	1,60	0,12	.736
Beschwerdeliste (BL)	linear	1942,3	62,50	31,09	.000
	quadratisch	102,0	36,53	2,79	.107
	kubisch	1,20	18,01	0,07	.798

---

7 Für die Variablen (erh) und (akt) ergeben sich df = 27 Freiheitsgrad; für die Variablen (ber) und (BL) nur df = 26 bzw. 25 Freiheitsgrade.

konstatiert werden. Damit wurden die Ergebnisse der Hauptstudie I repliziert; hier wurden nach Minderung des Therapieeffekts durch vergleichbar hohe Effekte im Wartezeitraum ebenfalls zu Therapieende resultierende Verbesserungen mittlerer Effektstärke ermittelt.

Die Ergebnisse zeigen somit für das in Teil III beschriebene Programm eine kurz- als auch langfristige Besserung der alltäglichen Funktionsfähigkeit mit gleichmäßig linearem linearem Verlauf. Dabei scheint die intensive Beschäftigung mit dem Tagebuch im Wartezeitraum und das Erleben einer Schmerzreduktion bereits im Suggestibilitätstest vor der Therapie einen erheblichen positiven Einfluss auf das Ausmaß wahrgenommener alltäglicher Beeinträchtigungen zu haben. Dieses Wissen ist für die Durchführung des Programms, wie es in Teil III beschrieben ist, von großer Bedeutung.

5.4 Ergebnisse zur Veränderung des Medikamentenkonsums

Die Daten zu Veränderungen des Medikamentenkonsums stammten ausschließlich aus den Schmerztagebüchern. Verglichen wurde die Summe aller Einzeldosen pro Wirkstoffgruppe im Zeitraum der 3./4. Woche im Kontrollzeitraum gegenüber dem Ende der Hypnotherapie in der 12./13.[8] Woche. Katamnestische Daten zum Medikamentenkonsum waren im Studiendesign nicht vorgesehen. Es wurden prozentuale Veränderungen zwischen beiden Zeiträumen für insgesamt 7 als sinnvoll erachtete Medikamentenkategorien getrennt voneinander berechnet. Abbildung 1 stellt die einzelnen Kategorien im Prä-Postvergleich dar. In keiner Kategorie konnte eine Zunahme oder ein gleichbleibender Stand beobachtet werden: In allen untersuchten Kategorien kam es zu Reduktionen im Vergleich zum Zeitpunkt vor der

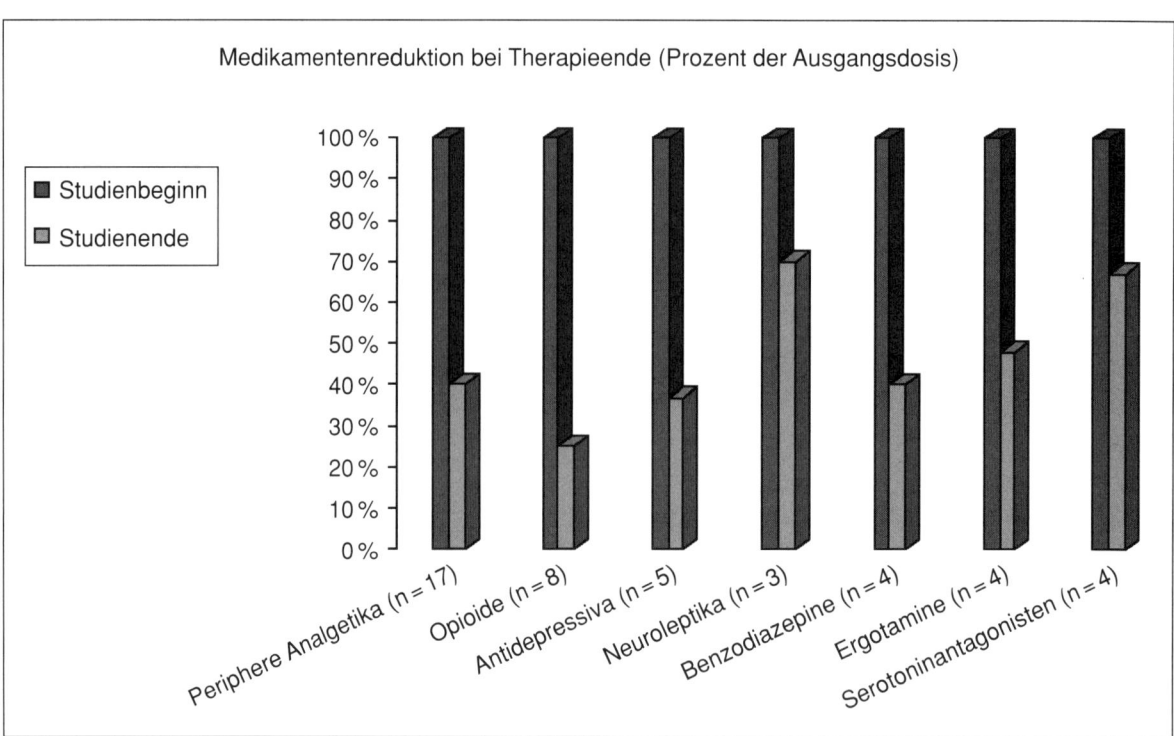

Abbildung 1:
Medikamentenreduktion am Ende des Programms

---

8 Da die Medikamenteneinnahme von Woche zu Woche Schwankungen unterliegt, wurden in die Analyse Vergleiche zwischen zwei aufeinander folgenden Wochen einbezogen. Da einige Patienten zu Beginn der Tagebuchaufzeichnungen große Unsicherheiten in der Dokumentation der Medikamente zeigten, gingen in die Berechnung erst die Daten der 3. und 4. Woche des Wartezeitraumes ein.

Therapie. Einschränkend seien die äußerst geringen Fallzahlen in einigen Medikamentengruppen erwähnt, wie ebenfalls aus Abb. 1 ersichtlich wird. Die wichtigsten Gruppen stellten die peripheren Schmerzmittel (Paracetamol, Acetylsalizylsäure, NSAR, Pyrazolone und Kombinationspräparate) mit einer Reduktion um 60 % (n = 17), die Opioide mit einer Reduktion um 75 % (n = 8) und die Antidepressiva mit einer Reduktion um 63 % (n = 5) dar.

5.4.1 Veränderung des Medikamentenkonsums

Die sehr erfreulichen Veränderungen des Medikamentenkonsums konnten die bisher dokumentierten Ergebnisse zur Schmerzreduktion durch das Programms eindeutig unterstützen. Durch die methodisch sinnvolle Trennung nach verschiedenen Wirkstoffkategorien ergaben sich leider verkleinerte Substichproben, so dass nachfolgende Untersuchungen mit größeren Substichproben pro Kategorie noch verlässlichere Aussagen liefern sollten. Dennoch konnte in keiner Wirkstoffkategorie eine Zunahme oder ein annähernd gleichbleibender Stand der Einnahmen beobachtet werden, in allen untersuchten Kategorien kam es zu Reduktionen im Vergleich zum Zeitpunkt vor der Therapie von 30 % bei den Neuroleptika bis 60 % in den peripher wirksamen Medikamenten und 75 % in der Gruppe der Opioide.

5.5 Zusammenfassung

Die eindeutigen Ergebnisse der Schmerzreduktion, der Wirksamkeit der Auto- und Heterohypnose und letztendlich auch die Hinweise auf einen deutlich verminderten Medikamentenkonsum am Ende der Therapie können die Wirksamkeit des weitgehend standardisierten Therapieprogramms für Schmerzpatienten eindeutig belegen. Ein Rückgang der alltäglichen Beeinträchtigungen durch die Schmerzen kann ebenfalls beobachtet werden, hier wurden allerdings bereits im Wartezeitraum mittlere Effekte (Erwartungseffekte) beobachtet. Da die depressive Ausgangsbelastung der Patienten *im Mittel* zu niedrig war, können über Stimmungsverbesserungen durch das Therapieprogramm keine gesicherten Aussagen getroffen werden. Dieses sollten nachfolgende Untersuchungen klären.

Trotz der Einschränkungen in der Depressivität und der Alltagsfunktionalität hebt sich dieses Programm weiterhin von den meisten deutschen Pro-

grammen ab, die über weit niedrigere Effekte in der Reduktion der Schmerzintensität berichten. Keine Studie wies bisher eine derartige Heterogenität der Schmerzstörungen auf. Mehr als die Hälfte der Patienten litten unter mehr als einer Schmerzstörung/Schmerzlokalisation. So gleicht die Stichprobe dieser Studie im Ausmaß seiner Belastung eher einem stationär behandelten Klientel, wie es von Klinger et al. (1999) für multimodal behandelte Rückenschmerzpatienten beschrieben wird.

Kontrollierte Studien zu Hypnoseinterventionen bei chronischen Schmerzpatienten liegen bisher nur von einer niederländischen Arbeitsgruppe vor. Doch weisen diese Studien leider erhebliche inhaltliche Unklarheiten und methodische Mängel auf (Fehlen einer Kontrollgruppe, Durchführung durch Studenten anstatt erfahrene Therapeuten, mangelhafte Spezifikation der Hypnose, Keine Suggestibilitätstests im Vorfeld, etc.). In dieser Studie ist es nun gelungen, diese Unklarheiten zu konkretisieren und bei weitgehend standardisierter Tranceinduktion und Tranceführung gute Erfolge in der Schmerzreduktion zu erzielen.

Die vorliegende Studie ist bisher die Einzige ihrer Art, welche mithilfe trendanalytischer Betrachtung den Prozess der Veränderungen untersuchte. Bei ausreichender Suggestibilität der Patienten kann – trotz heterogener Erkrankungen – davon ausgegangen werden, das die Abnahme der Schmerzstärke und der alltäglichen Beeinträchtigungen gleichermaßen kontinuierlich erfolgte. Damit konnte das Ergebnis der ersten Studie (Jacobs, Strack, Bode & Kröner-Herwig, 2001) repliziert werden.

Eine von uns im Folgenden durchgeführte Studie (Junke, M., Jacobs, S., Strack, M.; 2007) untersuchte die Wirksamkeit des hier beschriebenen Therapieprogramms im Gruppensetting. Die Ergebnisse zeigten eine mit anderen ambulanten Schmerztherapieprogrammen vergleichbare Wirkung mittlerer Effektstärke. Die analgetische Wirkung ergibt in der Intra-Splitting Messung einen Effekt von d = 1.04 (Gruppensetting) und d = 1.43 (Einzelsetting). Die Patienten profitieren vermutlich wegen des individualisierten Vorgehens mehr im Einzelsetting. Daher empfehlen wir bei stärkeren und multiplen Schmerzsyndromen mit Komorbiditäten wie Angst oder Depressionen das Einzelsetting."

Bisher sind die Theorien zu Wirkungsweisen der Hypnose, insbesondere zu analgetischen Wirkungen, noch sehr umstritten. Insbesondere die Neo-dissoziationstheorie (Hilgard, 1974, 1986) rückte in den vergangenen Jahren in den Vordergrund und scheint einen erfolgversprechenden Erklärungs-rahmen für die berichteten Ergebnisse zu bieten. Gemäß dieser Theorie werden durch die hypno-tische Dissoziation einige an der Schmerzwahr-nehmung beteiligte kognitive Systeme dissoziiert und zunehmend umstrukturiert, so dass die entspan-nenden Vorstellungsbilder der Trance als schmerz-antagonistische Schemata wirksam werden können. Hilgard hat das getrennte Nebeneinander unter-schiedlicher autonomer Instanzen durch seinen „heimlichen Beobachter" (hidden observer) bei Schmerzexperimenten nachzuweisen versucht. Ungeachtet dessen, ob solche Experimente tatsäch-lich generalisierbar sind, scheint die Annahme einer hierarchischen Struktur von in sich relativ autonomen Kontrollmechanismen innerhalb des kognitiven Systems, aber auch des somatischen Systems, durchaus sinnvoll. Nach Hilgards Auf-fassung gibt es eine Exekutivkontrolle, die ganz oben in der Hierarchie angesiedelt ist und durch Hypnose unterlaufen werden kann. Unter dieser Bedingung sind dann z. B. Bewegungsprogramme nach Hirnschäden wieder aktivierbar, Details aus früher erlebten Episoden zugänglich und autonome Reaktionen beeinflussbar (z. B. Herzrate). Auch die Schmerzbewältigung ist ein solcher autono-mer Regulationsmechanismus. In Trance erleben die Patienten die Ebenen des „Ich bin schmerzfrei und ich habe Schmerzen" als ein mögliches Ne-beneinander, weil durch die Hypnose die Exeku-tivkontrolle in den Hintergrund tritt.

Ein wichtiger Aspekt des Programms ist neben der Heterohypnose die kontinuierliche Übung der Autohypnose mit Kassette (gegen Therapieende auch ohne Kassette). Durch diese Form selbst-induzierter Trance gelingt es den Patienten, den schmerzreduzierten bis schmerzfreien Zustand der Dissoziation zunehmend selbstständig her-beizuführen. Diese Beobachtungen decken sich mit den von Weitzenhoffer (1953) in seinem Hyp-nosemodell beschriebenen Prozessen der Selbst-erzeugung und Selbstgeneralisierung als Mecha-nismen der Trance. Gelingt es den Patienten immer leichter und schneller, diesen Zustand zu errei-chen, so entwickeln sich immer stärker werdende Verknüpfungen mit schmerzantagonistischen Schemata. Diese Übungseffekte können die gute Wirkung der Autohypnose erklären: Die jeweil-ige Form der Hypnose (Hetero- oder Autohypno-se) tritt bei wachsender Selbsterzeugung und -ge-neralisierung immer weiter in den Hintergrund,

so dass schon kleine Hinweisreize zur Aktivie-rung des gewünschten Zustandes und der damit verbundenen positiven Schemata ausreichen.

Wie gelingt es ferner jedoch, diese Momente der Schmerzfreiheit zu stabilisieren und in den Alltag zu integrieren?

Im Sinne der kognitiven Selbstorganisationstheo-rie von Kruse und Gheorghiu (1989, 1990), die wissenschaftstheoretisch dem radikalen Konstruk-tivismus zugeordnet werden kann, wird „Wirk-lichkeit" durch individuelle Interpretationen des sinnlich Wahrgenommenen erschaffen (!). Unter dieser Annahme werden einerseits „Wirklichkeit" und „Wahrheit" zu einem individuellen Konstrukt. Andererseits wird dadurch auch die Trennung zwischen „real erlebt" und „bloß vorgestellt", also zwischen „Realität" und „Imagination" nichtig. In beiden Fällen muss dass Individuum die Bedeu-tung verschiedener Sinneswahrnehmungen selbst finden und zu einem kohärenten Ganzen zusam-menfügen.

Der Zustand chronischen Schmerzes stellt nun eine stabile, wenn auch schmerzhafte Lösung dar, bisherige Erfahrungen zu einem kohärenten Gan-zen zu organisieren. Durch kognitive Selbstorga-nisation hat ein Patient die Schmerzen in seine „Wirklichkeit" integriert. Diese Selbstorganisa-tion adaptiver Schemata betrifft selbstverständ-lich nicht nur schmerzbezogene Inhalte, sondern auch damit verknüpfte Bereiche des Verhaltens und Erlebens, wie sie als begleitende Variablen neben dem chronischen Schmerz in dieser Studie erhoben wurden.

Im Kontext chronischer Schmerzen stellt die hypnotische Dissoziation nun eine Möglichkeit dar, in den stabilen (chronifizierten) Zustand des Schmerzes ausreichend Fluktuation und positive Instabilität zu bringen. Dies gelingt deshalb so gut, weil der zu Grunde liegende Bewusstseins-zustand der Trance dem logischen Alltagsdenken entgegensteht. Stabile Schemata können fast bei-läufig überschritten werden und neue werden ähn-lich beiläufig integriert. Ist diese „neue Instabi-lität" ausreichend groß, kann sich das kognitive System selbstständig zu einer neuen Ordnung or-ganisieren.

Solche kognitiven Verarbeitungs- und Verände-rungsprozesse sind auch aus der Perspektive einer Netzwerktheorie des Gedächtnisses betrachtet worden (z. B. Anderson, 1980; Norman & Rumelhart, 1975; Hoppe, 1985; Rumelhart, McClelland & PDP Research Group, 1988) und auf die Gedächtnisrepräsentation chronischer Schmerzen vielversprechend übertragen worden. Mit Hilfe dieser modellhaften Vorstellung eines Netzwerkes des Gedächtnisses lassen sich die Veränderungen erklären, die in diesem Programm nachgewiesen wurden. Die Netzwerktheorie postuliert, dass Gedächtnisinformationen in Form eines Netzwerkes von Knoten und Verbindungen zwischen diesen Knoten organisiert sind. Wenn auch die meisten Forschungsbemühungen sich mit der Repräsentation von sprachlichem Wissen beschäftigten, so gelten diese Modellannahmen aber auch für motorische und perzeptuelle Informationen oder Emotionen, die in den beschriebenen Knoten gespeichert sind. Chronische Schmerzen sind mit motorischen, perzeptuellen und emotionalen Gedächtnisinhalten verknüpft. So stellt Hoppe (1993a) in seiner Schmerztheorie die Speicherung von schmerzbezogenen Inhalten im Gedächtnis in den Mittelpunkt der Chronifizierungs- und Heilungsprozesse. Positive Veränderungen, wie sie in dieser Studie mit starken Effekten nachgewiesen werden konnten, beruhen nach dieser Theorie also vor allem auf Gedächtnisveränderungen innerhalb des Netzwerkes. Der Verarbeitungsmodus in Trance führt dazu, dass neben der Aufmerksamkeitsablenkung durch Dissoziation auch schmerzinkompatible Schemata der Entspannung aktiviert werden, die zu einer Neubewertung der Schmerzen führen.

Effekte im Wartezeitraum

Neben den insgesamt sehr erfreulichen Erfolgen muss allerdings das Augenmerk auch auf die Effekte in der Kontrollphase – vor Beginn des Programms – gelenkt werden. So wurde ein Rückgang der alltäglichen Beeinträchtigungen durch die Schmerzen sowohl in der Hauptstudie I (Jacobs, Strack, Bode & Kröner-Herwig, 2001) als auch in dieser Arbeit im Wartezeitraum nachgewiesen ($d \approx .40$). In dieser Studie wurden zusätzlich Verringerungen in der Schmerzstärke beobachtet. Wie lassen sich diese Veränderungen erklären?

Wie aus den Protokollbögen zur Eingangsuntersuchung auf Suggestibilität hervorgeht, erlebten die meisten Patienten bereits in dieser Testsituation eine deutliche Schmerzlinderung während und nach der Hypnose, ohne dass Suggestionen der Schmerzfreiheit oder der körperlichen Dissoziation erwähnt wurden. Diese unerwarteten und sofort spürbaren Verbesserungen in der Schmerzstärke könnten bei den Patienten die Erwartungen an das Therapieprogramm erheblich unterstützt und verstärkt haben. Viele der Patienten waren durch Medienberichte oder überweisende Ärzte bereits im Vorfeld der Studie in „hoffnungsvoller Erwartung" auf baldige Linderung. Diese Hoffnung auf Erfolg – unterstützt durch das Erleben sofortiger Schmerzlinderung in der Eingangsuntersuchung, könnte weiterhin bei sekundär depressiven Patienten bereits im Kontrollzeitraum zu einer Aufhellung ihrer durch den Schmerz getrübten Stimmung beigetragen haben, wie es die erheblichen Effekte im Wartezeitraum andeuten. Da in der darauffolgenden Wartezeit schon aktives Zutun von den Patienten gefordert war (regelmäßige Tagebucheintragungen), wurde diese „Hoffnung auf Erfolg" kontinuierlich wach gehalten. So dürften in der Wartezeit vor allem motivationale Prozesse auf das depressive Erleben und die damit verbundenen alltäglichen Beeinträchtigungen positive Auswirkungen gehabt haben.

III. Therapiemanual

Kapitel 6

Die Therapiesitzungen

6.1 Woche 1: Anamnese und Information

Überblick über die Sitzung
1. Anamnese
2. Diagnostik
3. Informationen über chronische Schmerzen
4. Übersicht über das Therapieprogramm: Ziele
5. Informationen über Hypnose
6. Hausaufgaben
Dauer
ca. 100 Minuten
Materialien
– Edukationsfilm
– Videorekorder oder DVD-Player
– Patienteninformation zur Hypnose
– Patientenbogen I
– SCL-90-R
– SHSS-Kurzform Therapeutenversion
– SHSS-Kurzform Fragebogen

6.1.1 Anamnese

Sie beginnen mit der Anamnese ihres Patienten, so wie sie es gewohnt sind. Dabei werden neben dem aktuellen Vorstellungsgrund auch die Wünsche und Erwartungen des Patienten hinsichtlich der geplanten Therapie abgeklärt.

Warum haben Sie sich gerade jetzt entschlossen, eine Therapie aufzunehmen? Sind die Erwartungen, z. B. bezogen auf die Schmerzreduktion, realistisch oder unrealistisch?

Von großem Interesse ist es, welche Versuche der Patient bereits unternommen hat, mit seinen chronischen Schmerzen umzugehen. Welche eigenen Mittel und Wege hat er? Wie gut helfen sie ihm?

Welche Ärzte hat er bereits aufgesucht, welche Diagnosen oder Verdachtsdiagnosen sind ihm mit-
geteilt worden? Hat er bereits Operationen hinter sich, die er direkt oder indirekt mit den chronischen Schmerzen in Verbindung bringt?

Hierzu empfiehlt es sich, einen zusammenfassenden ärztlichen Befundbericht, im Idealfall vom Hausarzt, mitbringen zu lassen. Viele Patienten haben – bis sie den Weg zu einem psychologischen Psychotherapeuten gefunden haben – bereits viel Ablehnung und Unglauben erlebt. Auch wenn Sie mit der Interpretation von Röntgenbildern keine Erfahrung haben oder ärztlichen Berichten gegenüber Verständnisschwierigkeiten haben, signalisieren Sie Ihrem Patienten auch für diese somatischen Aspekte seines Leidens Ihre Akzeptanz.

Viele Patienten gehen mit ihren Medikamenten sehr gut und verantwortungsvoll um, aber gerade bei chronischen Schmerzpatienten ist der Medikamentenmissbrauch kein seltenes Phänomen. In ihrer Anamnese werden also auch Informationen über die verordneten und nicht verordneten, also möglicherweise frei verkäuflichen Medikamente erfragt, die Ihr Patient einnimmt. Bitte fragen Sie hier detailliert nach. Für manche Menschen ist der regelmäßige Griff zu „Aspirin®" und „Voltaren®" zum Automatismus geworden, den sie nicht mehr bewusst machen. Es kann für Sie von Interesse sein, ob Ihr Patient einen Einnahmeplan für die Medikamente hat, ob er sich an diesen auch hält oder ob er sie wahllos kombiniert. Wenn Sie unsicher sind, um welche Präparate es sich handelt, lassen Sie sich die Packungen beim nächsten Mal mitbringen. Einen ersten orientierenden Einblick erhalten Sie durch die Lektüre der Kapitel 1.6 in Teil I und Kapitel 4.2 in Teil II dieses Buches.

6.1.2 Diagnostik

Testung auf Suggestibilität

Die nun folgende Diagnostik klärt ab, ob Ihr Patient eine ausreichende Suggestibilität hat. Hierzu wird der *SHSS-Test* (Stanford Hypnotic Susceptibility Scale) in der Kurzform (Jacobs & Dreisörner, 1997) durchgeführt.

Machen Sie sich vor der ersten Durchführung dieses Suggestibilitätstests mit dem Text gut vertraut. Wir betonen an dieser Stelle, dass Grundkenntnisse in Hypnoseinduktionsformen unbedingt erforderlich sind, auch wenn Sie sich bei dem Text der Therapeutenversion an den standardisierten Text halten.

Die Auswertung findet im Anschluss mit dem *Kurzform-SHSS-Fragebogen* (siehe Anhang 1) statt. Genaue Auswertungshinweise finden Sie auf dem Formular im Anhang 2. Die Fragen sollten Sie Ihrem Patienten unbedingt mündlich stellen. Damit geben Sie sich die Möglichkeit, bei Unklarheiten oder unsicheren Einschätzungen nachzufragen. So könnte Ihr Patient z. B. der Meinung gewesen sein, er habe seinen gesamten Arm angehoben (Item 4), Sie hingegen konnten tatsächlich nur ein Anheben der Hand beobachten.

Falls Ihr Patient den festgelegten Mindestscore von 36 Punkten nicht erreicht, so ist er für dieses Programm nicht geeignet.

Viele Patienten erleben bei der Durchführung des Tests *zum ersten Mal* eine Schmerzfreiheit oder deutliche Schmerzreduktion. Dieses erfragen Sie *unbedingt* im Anschluss an den Test mithilfe der 10-stufigen Analogskala (siehe Schmerztagebuch im Anhang 3). Sollte ihr Patient diese positiven Erfahrungen gemacht haben, motiviert ihn dies sehr stark, die Hypnosetherapie durchzuführen und die Autohypnose zu erlernen.

SCL-90-R und Patientenbogen I

Die Symptom-Checkliste nach Derogatis (SCL-90-R; Franke, 2002) dient dazu, mögliche psychische Komorbiditäten zu erfassen (Bestelladresse siehe Anhang 9). Wir empfehlen, ihn nach Hause mitzugeben.

Der *Patientenbogen I* der DGSS (Deutsche Gesellschaft zum Studium des Schmerzes) erfasst wesentliche Aspekte der Schmerzsymptomatik. Diesen (s. Anhang 4) geben Sie ebenfalls als Hausaufgabe mit. Weitere Diagnostik folgt in der zweiten Woche.

6.1.3 Informationen über chronische Schmerzen

Der Patient wird nun allgemein über chronische Schmerzen und verhaltenstherapeutisch relevante Aspekte informiert. Hierzu liegt ein *Edukations-*

videofilm „Chronischer Schmerz – Die Chancen psychologischer Therapie" für Patienten vor *(*Bestelladresse im Anhang 9). Nachdem sie etwaige Fragen im Anschluss an den Film mit dem Patienten besprochen haben, erhält der Patient eine Übersicht über die zukünftige Therapie und Informationen über Hypnose als Behandlungsform bei chronischen Schmerzen.

Der Film hat einen großen Stellenwert in der Vorbereitung auf die Hypnosetherapie. Er soll die gemeinsame Basis bilden, anders formuliert: Wenn Sie und ihr Klient in den nächsten Wochen erfolgreich sein wollen, ist es wichtig, dass sie beide „an einem Strang ziehen". Wenn ihr Klient glaubt, dass er eigentlich nichts bewirken kann und alles ja doch keinen Sinn hat, wird er seine Übungen zu Hause nur halbherzig und zu spät durchführen. Zu Beginn der Therapie sollten sie also gemeinsam mit ihrem Patienten beginnen, ein gemeinsames Störungs- oder Erklärungsmodell für die Schmerzen zu finden.

Wenn Sie exemplarisch den kompletten Verlauf einer Therapiesitzung sehen möchten, verweisen wir auf den Lehrfilm „Hypnotherapeutische Intervention im Rahmen eines verhaltenstherapeutischen Kurzprogramms zur Behandlung chronischer Schmerzen" (Bestelladresse im Anhang 9).

6.1.4 Übersicht über das Therapieprogramm: Ziele

Erklären Sie Ihrem Patienten die wesentlichen Ziele des Therapieprogramms:
1. Durchführung der Hypnose und Erlernen der Selbsthypnose (Autohypnose) zur Schmerzreduktion. Dem Patienten muss erläutert werden, dass nicht völlige Schmerzfreiheit, sondern eine deutliche Reduktion das Ziel sein kann.
2. Ermitteln von dysfunktionalen Verhaltensweisen und Gedanken bei der Bewältigung der Schmerzsymptomatik.
3. Erarbeiten von funktionalen Verhaltensweisen und Gedanken zur angemessenen Verarbeitung der Schmerzsymptomatik.
4. Ermitteln von körperlichen und psychischen Belastungsfaktoren, die sich ungünstig auf die Schmerzsymptomatik auswirken und Erarbeiten eines angemessenen Umgangs damit.

Machen Sie Ihrem Patienten deutlich, dass von ihm sehr viel aktive Mitarbeit verlangt wird (sorgfältiges Führen der Schmerztagebücher, regelmäßiges Üben der Autohypnose, Umsetzen der neu erarbeiteten funktionalen Gedanken und Verhaltensweisen im Alltag), um einen guten Therapieerfolg zu erzielen.

6.1.5 Informationen über Hypnose

Anschließend erhält der Patient wichtige *Informationen zur Hypnose*. Diese liegen als Kopiervorlage dem Manual bei (Anhang 8), sollten jedoch im Gespräch erörtert werden. Es empfiehlt sich, insbesondere Ängste über Hypnose und falsche Erwartungen im Vorfeld der Therapie zu klären.

6.1.6 Hausaufgaben

Um bis zur zweiten Woche ein genaueres Bild über den momentanen Schmerzzustand und andere Symptome zu erhalten, geben Sie Ihrem Patienten den *Patientenbogen I* (Anhang 4) und die *Symptomcheckliste SCL-90-R* (Bestelladresse im Anhang 9) als „Hausaufgabe" mit.

6.2 Woche 2: Diagnostik und Einführung in das Schmerztagebuch

Überblick über die Sitzung
1. Diagnostik 2. Einführung in das Schmerztagebuch 3. Hausaufgabe
Dauer
50 Minuten
Materialien
– MINI-DIPS – Schmerztagebuch

6.2.1 Diagnostik

Um ein detailliertes Bild über die Schmerzstörung des Patienten und mögliche Komorbiditäten zu erhalten, empfehlen wir nach der Auswertung der „Hausaufgaben" dringend das MINI-DIPS (Margraf, 1994; Bestelladresse im Anhang 9) durchzuführen. Nach Auswertung von Mini-Dips

und SCL-90-R haben sie ein genaues Bild über mögliche Komorbiditäten und Kontraindikationen. Zu diesen Kontraindikationen zählen z. B.:
– Schwere Depressionen mit Suizidgefahr
– Psychosen
– Abhängigkeitsstörungen
– Dissoziative Persönlichkeitsstörungen

6.2.2 Einführung in das Schmerztagebuch

Am Ende der zweiten Stunde führen Sie das *Schmerztagebuch* (siehe Anhang 3) ein.

Nehmen Sie sich für die Erläuterung, Fragen usw. ausreichend Zeit. Machen Sie Ihrem Patienten deutlich, wie wichtig seine kontinuierliche Mitarbeit am Schmerztagebuch für den Therapieerfolg ist. Für die kognitiv-behaviorale Therapie sind besonders die Spalten 7 (Besondere Belastungen) und 8 zur Ermittlung von dysfunktionalen Gedanken und Verhaltensweisen von Bedeutung. Weisen Sie Ihren Patienten darauf hin, dass die Spalte 5 (Stimmung) *umgekehrt* gepolt ist. Geben Sie Ihrem Patienten das erste *Schmerztagebuch* (ein Tagebuch pro Woche) mit nach Hause.

6.2.3 Hausaufgabe

Geben Sie Ihrem Patienten das erste Schmerztagebuch mit. Er soll es zur nächsten Therapiestunde ausgefüllt wieder mitbringen.

6.3 Woche 3: Die 1. Hypnosesitzung

Überblick über die Sitzung
1. Besprechen des Schmerztagebuches 2. Beginn der hypnotherapeutischen Intervention 3. Hausaufgabe
Dauer
50 Minuten
Materialien
– Kassettenrekorder mit Leerkassette o. ä. – Therapieprotokollblatt

6.3.1 Besprechen des Schmerz-
tagebuches

Beginnen Sie die erste Interventionssitzung mit dem Schmerztagebuch der vergangenen Woche. Planen Sie hierfür etwa 30 Minuten ein.

Klären Sie mögliche Unsicherheiten im Umgang mit dem Tagebuch.

Besprechen Sie verhaltenstherapeutisch relevante Zusammenhänge, z. B. zwischen dem körperlichen/psychischen Belastungen (Spalte 7/8) und der Schmerzstärke. Auch mögliche Zusammenhänge zwischen Stimmung und Schmerzstärke werden erfragt. Lenken Sie die Aufmerksamkeit des Patienten auf dysfunktionale Gedanken und Verhaltensweisen.

6.3.2 Beginn der hypnotherapeutischen
Intervention

Bitten Sie Ihren Patienten als Nächstes, Ihnen eine Situation/Erlebnis/Erinnerung zu schildern, in der er sich sehr entspannt, wohl und relativ schmerzfrei gefühlt hat. Es sollte sich möglichst um eine Urlaubserinnerung, z. B. in den Dünen an der Nordsee handeln. Lassen sie sich die sinnlich erfahrbaren Einzelheiten (Ankerreize) dieser Erinnerungen genau beschreiben und notieren Sie diese (z. B. Meeresrauschen, Möwengeschrei, Salzgeruch). Diese Einzelheiten müssen Sie anschließend in den standardisierten Text einarbeiten. Wir empfehlen, diese Details in den Textabschnitt direkt nach der Hypnoseinduktion einzuarbeiten (ab „Während Sie hier im bequemen Sessel liegen …").

Den gesamten Dissoziationstext nehmen Sie auf einem *Kassettenrekorder/CD-Player* auf, damit Ihr Patient die Autohypnose zu Hause durchführen kann. Planen Sie hierfür etwa 20 Minuten ein. Im Anschluss erfragen Sie die Schmerzstärke vor, während und nach der Hypnose und die Gefühle des Patienten. Diese Angaben tragen sie in den Protokollbogen für Psychotherapiesitzungen (siehe Anhang 7) ein.

6.3.3 Hausaufgabe

Geben Sie Ihrem Patienten für die gesamte Dauer des Therapieprogramms Schmerztagebücher mit. Als Hausaufgabe bearbeitet er wiederum ein Tagebuch und wird angewiesen, die Autohypnose mit der Kassette *zweimal täglich* zu üben. Außerdem soll er nach jedem Üben die Schmerzstärke vor, während und nach der Autohypnose in Spalte 9 des Schmerztagebuches eintragen.

Die Benutzung eines tragbaren Walkman oder CD-Players hat sich als vorteilhaft erwiesen, da so störende Außengeräusche besser abgeschirmt werden können.

6.4 Woche 4: Die 2. Hypnosesitzung

Überblick über die Sitzung
1. Besprechen des Schmerztagebuches 2. Eventuelle Veränderungen in der Dissoziationsinstruktion 3. Durchführung der Hypnose 4. Hausaufgabe
Dauer
50 Minuten
Materialien
– Kassettenrekorder mit Leerkassette o. ä. – Therapieprotokollblatt

6.4.1 Besprechen des Schmerz-
tagebuches

Besprechen Sie Besonderheiten der vergangenen Woche, funktionale und dysfunktionale Verhaltensweisen und Stressoren.

Unternehmen Sie erste Schritte in Richtung funktionaler Verhaltensweisen und Gedanken. Erfragen Sie, ob Ihr Patient Veränderungen in der Hypnoseinstruktion wünscht.

6.4.2 Veränderungen in
der Dissoziationsinstruktion

Bei vom Patienten gewünschten Veränderungen in der Dissoziationsinstruktion (z. B. statt Nordseedünen jetzt Liegen an einem Bergsee) lassen Sie bitte in dieser Sitzung das Tonband mitlaufen, damit der Patient auch zu Hause die verbesserte Instruktion anwenden kann.

6.4.3 Durchführung der Hypnose (gegebenenfalls mit Veränderungen)

Führen Sie die Hypnose wie gewohnt durch. Sollte Ihr Patient Veränderungen wünschen, arbeiten Sie diese sofort in den Text ein und überspielen Sie die alte Kassette.

6.4.4 Hausaufgabe

– Schmerztagebuch
– Anwendung der neu erarbeiteten funktionalen Gedanken und Verhaltensweisen
– Autohypnose zweimal täglich

6.5 Woche 5 bis 11: Die 3. bis 9. Hypnosesitzung

Überblick über die Sitzung
1. Besprechen des Schmerztagebuches 2. Eventuelle Veränderungen in der Dissoziationsinstruktion 3. Durchführung der Hypnose 4. Hausaufgabe
Dauer
50 Minuten
Materialien
– Kassettenrekorder mit Leerkassette o. ä. – Therapieprotokollblatt

Nach dem bisherigen Schema laufen nun alle folgenden Sitzungen ab.
– Besprechung des Tagebuches der letzten Woche
– Individuellen Entspannungsort in Erinnerung rufen
– Dissoziationsinstruktion auf individuellen Patienten abstimmen (Tempo, Laustärke, Inhalt)
– Nachbesprechung der Hypnose, Verbesserungsvorschläge, etc.

Nach unseren Erfahrungen fällt es den meisten Patienten schwer, die für die Autohypnose notwendige Konzentration aufzubringen, wenn die Schmerzstärke auf der Skala bereits größer als 7

ist. Weisen Sie ihren Patienten also wiederholt darauf hin, vorher – also bei steigender Schmerzstärke – seine Autohypnose anzuwenden, um eine massive Schmerzattacke abzufangen. Wenn ihm dies nicht gelingt, soll er medikamentöse Hilfe in Anspruch nehmen.

Ein fortlaufendes Therapiethema ist weiterhin die Umsetzung von in der Therapie erarbeiteten funktionalen Gedanken und Verhaltensweisen, die sich günstig auf die Schmerzsymptomatik und das allgemeine Befinden, Aktivitätsniveau etc. auswirken.

6.6 Woche 12: Ende der Therapie – Rückblick und Ausblick

Überblick über die Sitzung
1. Therapieabschluss und Evaluation 2. Katamnese
Dauer
50 Minuten
Materialien
– Patientenbogen II – SCL-90-R

6.6.1 Therapieabschluss und Evaluation

Besprechen Sie am Ende der Therapie die erreichten Therapieziele ausführlich mit dem Patienten. Besprechen Sie die im Folgenden aufgeführten Punkte mit dem Patienten.

Über einen Datenvergleich (einfaches Prä/Postdesign) können Sie somit Ihre Therapie selbstständig evaluieren.

Folgende Aspekte sollten bei Ihrer Evaluation beachtet werden:
– Liegen noch Komorbiditäten vor (Angst, Depressivität), die weiterbehandelt werden müssten?
– Ist die Schmerzstärke deutlich abgesenkt worden? Vergleichen Sie die durchschnittliche Schmerzstärke der ersten und der letzten Therapiewoche anhand des Schmerztagebuches.

– Sind in den verschiedenen Funktionsbereichen Verbesserungen erreicht worden?
– Ist es gelungen, den Medikamentenkonsum zu verringern?
– Sind die in der Therapie erarbeiteten funktionalen Gedanken und Verhaltensweisen stabil geblieben?

6.6.2 Katamnese

Wenn Sie wollen, können Sie selbstverständlich drei Monate nach Therapieende eine Katamnese erheben, hierzu senden Sie Ihrem Patienten erneut den Patientenbogen II (Anhang 5) und den Fragebogen SCL-90-R (Bestelladresse siehe Anhang 9) zu.

6.7 Zeitlicher Ablauf im Überblick

---
1. Woche: Anamnese und Information

– Schmerzanamnese
– Edukationsvideofilm
– Patienteninformationen zur Hypnose
– Suggestibilitätstest mit SHSS-Kurzform Therapeutenversion
– Nachbefragung mit SHSS-Fragebogen
– Übersicht über Therapieprogramm geben
– Hausaufgaben mitgeben (Patientenbogen I und SCL-90-R)

---
2. Woche: Diagnostik

– MINI-DIPS
– Auswertung von Patientenbogen I und SCL-90-R
– Schmerztagebuch einführen
– 9 Schmerztagebücher nach Hause mitgeben
– Hausaufgabe: Schmerztagebuch sorgfältig führen

---
3. Woche: Beginn der Hypnotherapeutischen Intervention

– Besprechung des Tagebuches der letzten Woche
– Dysfunktionale Gedanken und Verhaltensweisen ermitteln
– Individuellen Entspannungsort in Erinnerung rufen
– Dissoziationsinstruktion auf individuellen Patienten abstimmen

---
– Tonbandaufnahme der Hypnose
– Tonband mit nach Hause geben
– Nachbesprechung der Hypnose, Verbesserungsvorschläge, etc.
– Schmerzstärke vor, während und nach der Hypnose im Anschluss an dieselbe erfragen und notieren
– Hausaufgabe: Mit dem Tonband zweimal täglich üben.

---
4. bis 11. Woche: Fortlaufende verhaltenstherapeutische Hypnose

– wie 3. Woche
– Erarbeiten von funktionalen Gedanken und Verhaltensweisen
– Hausaufgabe: Anwenden des Gelernten, Schmerztagebuch führen, Autohypnose üben.

---
12. Woche: Therapieabschluss – Rückblick und Ausblick

– Therapieabschluss und Evaluation
– Katamnese

6.8 Tipps und Tricks für Erstanwender

Wir bitten Sie, die nachfolgenden Informationen aufmerksam durchzulesen. Aus der Praxis der letzten Jahre haben sich einige Tipps ergeben, die wir Ihnen als Erstanwender gerne weitergeben möchten, damit auch Sie die Behandlung Ihrer Patienten erfolgreich durchführen können. Sollten Sie Ihrerseits Anregungen zur Weiterentwicklung haben, so freuen wir uns über ihre Rückmeldungen.

Voraussetzung für die erfolgreiche Durchführung des Programms sind Grundkenntnisse in Klinischer Hypnose und Verhaltenstherapie. Sollten Sie in dem einen oder anderen Bereich Defizite feststellen, empfehlen wir Ihnen, entsprechende Fortbildungsangebote der Gesellschaften für Hypnose oder Verhaltenstherapie wahrzunehmen. Außerdem empfehlen wir die Teilnahme an einem einführenden Workshop in das Programm, wie er fortlaufend angeboten wird z. B. über die Deutsche Psychologenakademie (DPA) oder Fortbildungsakademie der Kassenärztlichen Vereinigung Niedersachsen (KVN).

- Fragen Sie Ihren Patienten nach *jeder* Hypnose nach der **Schmerzstärke** vor, während und nach der Hypnose und tragen Sie diese in Ihr Therapieprotokoll ein. Überprüfen Sie dies auch in den Schmerztagebüchern Ihres Patienten.

- Der **Therapieerfolg** hängt bei vielen Patienten u. a. davon ab, wie häufig sie die Autohypnose zu Hause durchführen. Die Patienten sollten **durchschnittlich zweimal täglich üben** und zwar unabhängig von ihrer momentanen Schmerzsituation. Erklären Sie Ihrem Patienten den Zusammenhang zwischen Schmerzveränderung und Übung. Ermutigen Sie ihn, auch in schmerzfreien Intervallen seine Übungen wie ein tägliches Ritual durchzuführen. Dies gilt insbesondere für Migränepatienten in anfallsfreien Tagen oder Wochen!

- Am besten hat sich das Üben mit Kassette mithilfe eines **Walkmans** herausgestellt. Vorteile: überall einsetzbar, Abschirmung von Außengeräuschen durch Ohrhörer.

- Der **Trainingseffekt** setzt nach unseren Erfahrungen nach der 4. oder 5. Hypnosesitzung ein und ist durch eine zunehmend deutlichere Schmerzreduktion im Tagebuch zu erkennen.

- Bei ansteigender Schmerzstärke im Tagesverlauf kann es für einige Patienten zunehmend schwierig werden, die Übung zu Hause durchzuführen. Als **Faustregel für Schmerzstärken über 7 auf der NAS-Skala** (siehe Schmerztagebuch im Anhang 3): Besser früher als später die Kassette anwenden. Sprechen Sie mit Ihrem Patienten über die Möglichkeiten, den ansteigenden Schmerzverlauf mit zusätzlichen „Kassettenhypnosen" (Autohypnose) abzufangen.

- Geübte Patienten können im letzten Drittel des Programms angeleitet werden, die **Autohypnose zusätzlich ohne die Kassette** durchzuführen. Das macht sie zeitlich und örtlich unabhängig. Hierzu sollen die Patienten bestimmte Passagen aus der Dissoziationsinstruktion in Kurzform memorieren und sich so selbstständig in einen Trancezustand versetzen.

- Einige Patienten finden erst im Verlauf der Therapie ihre **optimale Entspannungssituation.** Andere wünschen sich immer wieder kleine Veränderungen ihres ursprünglichen Bildes. Nehmen Sie diese Variationen kontinuierlich in Ihre Dissoziationsinstruktion auf. Notizen nach jeder Stunde helfen Ihnen dabei.

- Einige Patienten benötigen viel **Unterstützung, das Schmerztagebuch regelmäßig auszufüllen.** Ermutigen Sie Ihren Patienten immer wieder dazu, da es nicht nur Ihnen als Grundlage der verhaltenstherapeutischen Intervention dient, sondern auch direkt dem Patienten hilft, Zusammenhänge zwischen Schmerzerleben/Schmerzfreiheit und körperlichen oder psychischen Belastungen zu erkennen.

- Sollte Ihr Patient vor Beginn der Hypnosetherapie schon **andere Bewältigungsmaßnahmen** (z. B. Spazieren gehen, Thermalbäder, Massagen, Krankengymnastik) erfolgreich angewandt haben, so ermuntern Sie ihn, dies auch weiterhin zu tun.

- Zu einer **interdisziplinären Schmerztherapie** gehören neben einer **optimalen medikamentösen Einstellung** durch einen qualifizierten ärztlichen Schmerztherapeuten auch eine dem Krankheitsbild entsprechende **Bewegungs- oder Physiotherapie** in Kombination mit einer **psychologischen Therapie,** wie sie z. B. dieses Manual anbietet. Sollten Sie feststellen, dass Ihr Klient in einem dieser Bereiche unzureichend versorgt ist, so regen Sie ihn dazu an, sich um eine bessere Versorgung zu kümmern.

- Für die **Durchführung im Gruppensetting** einigt man sich mit den Gruppenteilnehmern auf eine Strandsituation (passend zum Text), wobei aber jeder Teilnehmer seinen Strand individuell gestalten kann (z. B. Strand an der Nordsee, am Mittelmeer usw.). Im Text wird dann eingefügt: „Sie liegen an Ihrem Lieblingsstrand …".

Kapitel 7

Kasuistiken

Die im folgenden dokumentierten Therapieverläufe sollen einen individuellen Einblick in vier verschiedene Therapieverläufe bieten. Die erste Patientin wird sehr ausführlich beschrieben. Ihrer Darstellung sind zwei sehr persönliche Briefe an den behandelnden Therapeuten beigefügt, die auf anschauliche Weise die umfassenden Veränderungen in ihrem alltäglichen Erleben und Verhalten beschreiben. Sie konnte durch die Therapie sowohl ihre Schmerzsymptomatik als auch ihre depressive Symptomatik erheblich verbessern. Der Schwerpunkt der Darstellung liegt bei dieser ersten Kasuistik aber auf Lebensumständen der Patientin. Wir lassen sie in ihren Briefen ausführlich selbst zu Wort kommen.

Anschließend werden drei weitere, sehr unterschiedliche Patientinnen vorgestellt. Der Schwerpunkt ihrer Kasuistiken liegt auf der systematischen Betrachtungsweise ihres Medikamentengebrauches, ihrer Schmerzstärkekurven im Tagebuch, der Entwicklung ihrer autohypnotischen Übungen und einiger katamnestischer Anmerkungen. Die Darstellung dieser vier Aspekte erfolgt jeweils zeitlich dem Therapieprozess. Gerade die letzte Patientin ist dabei von größerem Interesse, da bei ihr die Therapie nach objektiven Kriterien nicht „geholfen" zu haben scheint, sie nach eigenen Aussagen aber dennoch zu positiven Veränderungen gelangt sei.

7.1 Ausführliche Kasuistik

7.1.1 Frau Sch.

Die Patientin ist bei Therapiebeginn 51 Jahre alt. Sie kommt auf Überweisung durch die Schmerzambulanz der Universitätskliniken. Sie gibt an, unter dauernden und quälenden Schmerzen zu leiden, die sich vor allem in der Hüfte und im Kreuzbein konzentrieren. Die Schmerzen würden im Gehen, Stehen und Sitzen zunehmen, so dass sie in Ihrer Lebensführung sehr beeinträchtigt sei. Außerdem leide sie seit dem 25. Lebensjahr unter Fibromyalgie, d. h. unter in Schüben auftretenden Muskel- und Gelenkschmerzen. Sie berichtet, kontinuierlich Schmerzmedikamente einzuneh-

men: Ein peripher wirksames Opioid (Tramadol®) und Acetylsalicylsäure. Zusätzlich nimmt sie bei Wechseljahresbeschwerden ein Östrogenpräparat ein.

Wegen Ihrer Schmerzsymptomatik sei sie seit 2 Jahren als Lehrerin (Hauptschule) frühberentet. Sie übte ihren Beruf sehr gern aus und bedauert es sehr, jetzt nicht mehr arbeiten zu können. Sie ist verheiratet, ihr Mann ist 55 Jahre alt und Rektor an einer Realschule. Sie hat zwei erwachsene Kinder, einen Sohn (27 Jahre), der BWL studiert und eine Tochter (19 Jahre), die gerade Abitur macht. Ihre Tochter hat vor einem Jahr einen Reitunfall gehabt mit einer Gehirnerschütterung und einem Nasenbeinbruch. Nach drei Monaten sind vorübergehend Lähmungen an den Beinen aufgetreten. Die Tochter leidet außerdem wie die Mutter an Fibromyalgie. Die Patientin berichtet über Ängste, dass ihre Tochter nie normal belastbar sein würde und über Schuldgefühle, dass sie von Ihr, der Mutter, die gesundheitlichen Probleme geerbt habe.

Die Tatsache, nicht mehr arbeiten zu können in Verbindung mit einer eingeschränkten Lebensführung ließen Sie zwischen aggressiver Gereiztheit und depressiven Phasen schwanken. Sie berichtet, dass die Dosierung eines der drei Schmerzmedikamente, welche sie regelmäßig einnehme (ein Opiat), erhöht werden sollte. Dann würde es aber mit dem Autofahren problematisch werden. Das Auto bedeute für Sie einen wichtigen Rest an Mobilität und Selbstständigkeit. Daher sei sie auch sehr motiviert, die psychologische Schmerztherapie zu beginnen, um noch eine andere Alternative zu haben. Um die Schmerzen, die damit verbundenen Problemen und ihren zunehmend schlechter werdenden Gesundheitszustand mache sie sich ständig Sorgen. Auch befürchte sie, – dies hatten ihr behandelnde Ärzte mitgeteilt –, das Auftreten von Lähmungen.

Die Anamnese verdeutlichte auch, dass Frau Sch. wie viele Schmerzpatienten die Erfahrung gemacht, dass ihre Schmerzen von verschiedenen Ärzten nicht ernst genommen wurden. Es wurden vage psychische Ursachen vermutet, bis durch eine bildgebende Untersuchung in der Medizinischen Hochschule Hannover die Ursache für ihre Schmerzen festgestellt werden konnte: Es wurden Meningozelen, d. h. angeborene Verwachsungen an der Wirbelsäule, die auf die austretenden Nerven drücken und quälende Schmerzen verursachen, nachgewiesen. Die Erkrankung sei nicht operabel. Die Ärzte teilten ihr auch mit, das die Prognose unsicher sei und sie auch mit Lähmungen rechnen müsse. Diese ungünstige und beängstigende Prognose trug nach der Diagnosestellung offensichtlich zur weiteren Chronifizierung ihrer Schmerzen und begleitenden depressiven bis suizidalen Gedanken bei.

Neben den psychologischen Diagnosen der Somatoformen Schmerzstörung (F45.4) und einer mittelgradigen depressiven Episode (F33.1) stehen die medizinischen Diagnosen der Fibromyalgie seit dem 25. Lebensjahr und Meningozelen an der Wirbelsäule (angeborene Verwachsungen, die bei dieser Patientin zu starken Schmerzen vorrangig in der Hüfte und im Kreuzbein führen).

Therapieverlauf

Die Patientin ist dem von uns entwickelten Suggestibilitätstest (Kurzform SHSS) zufolge gut bis sehr gut suggestibel. Sie erlebte schon in den ersten Sitzungen Schmerzfreiheit während der Hypnose, die bis zu einer halben Stunde anhielt. Dies war für sie sehr motivierend und sie arbeitete sehr engagiert mit.

Es traten aber auch Probleme in der Therapie auf: Etwa in der vierten Hypnosewoche berichtete die Patientin über innere Widerstände, die Kassette anzuwenden, obwohl ihr die autosuggestive Entspannung gut täte und ihre Schmerzen deutlich reduziere. Es konnten in der Sitzung die dem Widerstand zu Grunde liegenden Kognitionen herausgearbeitet werden: die Schwierigkeit, die eigene Krankheit zu akzeptieren und die damit verbundenen Einschränkungen anzunehmen – ein wichtiges Thema für alle Schmerzpatienten. Diese Probleme konnte mit kognitiv-behavioralen Techniken bearbeitet werden. Werden solche Widerstände nicht erkannt und bearbeitet, kann dies im Extremfall zum Therapieabbruch führen.

Nach dieser Sitzung machte die Therapie weiter gute Fortschritte. Die Patientin erlebte durch die Schmerzreduktion eine deutliche Verbesserung ihrer Lebensqualität. Entscheidend war auch das Gefühl, jederzeit selbst auf die Schmerzen Einfluss nehmen zu können, wodurch die Selbstwirksamkeit als wichtiger Therapiefaktor verstärkt wurde. Die Patientin konnte zum ersten Mal seit vier Jahren wieder eine längere Urlaubsreise nach Südfrankreich unternehmen. Sie übernahm die Leitung einer Selbsthilfegruppe von chronischen Schmerzpatienten. Ihr soziales Aktivitätsniveau wurde deutlich größer. Sie nahm außerdem ein regelmäßiges Training in einem Fitnessstudio unter physiotherapeutischer Anleitung auf. Die Effekte blieben nach einer 3-Monats-, 1-Jahres- und einer 3-Jahreskatamnese stabil.

Persönliche Stellungnahmen der Patientin zu ihrer Therapie

Anlässlich der 3-Monatskatamnese schrieb die Patientin einen Brief, in dem sie über ihre Erfahrungen mit dem Schmerztherapieprogramm berichtete:

„Als ich mit dem Programm begann, hatte ich wohl schon zu einem erheblichen Teil akzeptiert, dass sich mein Leben durch meine geringe Belastbarkeit, die eingeschränkte Bewegungsfähigkeit und vor allem die Schmerzen stark verändert hatte. Oft war es mir aber nicht möglich gewesen, mit den Schmerzen umzugehen, ohne dass es zu psychischen Einbrüchen kam. Vor allem war mir aber nicht deutlich gewesen, wie schwer es mir immer noch fiel, mich diesem nicht richtig funktionierenden Körper zu unterwerfen. Ich hatte so viel Zeit, etliche Ideen- und was konnte ich machen außer lesen, etwas spazieren gehen und fernsehen! Die Schmerzen bestimmten über mich.

Mit der Autosuggestion habe ich jetzt einen Weg gefunden, auf die Schmerzen und damit auf meinen Körper, meinen Tagesablauf, meine Aktivitäten Einfluss nehmen zu können. Und ich weiß, dass mir dieser Weg jederzeit und an jedem Ort zur Verfügung steht. **Das gibt mir das Gefühl, wieder ein selbstbestimmtes Leben führen zu können** (Hervorhebung durch die Patientin). Ich mache regelmäßig morgens und nachmittags meine Übung, ohne Kassette und merke, dass ich nie mehr einen Schmerzpegel erreiche, der zu Anspannung, Verkrampfung, Ruhelosigkeit, Verzweiflung führt. Demnächst werde ich versuchen, mit noch weniger Schmerzmitteln auszukommen. Zurzeit bin ich aber einfach nur glücklich über das Erreichte und genieße alles. Ich lasse mir nun bei allem Zeit.

Ich habe akzeptiert, dass mir im Vergleich zu gesunden Menschen in vielerlei Hinsicht engere Grenzen gesetzt sind. Andererseits ist mir auch bewusst, dass ich einige Freiräume habe, die andere nicht genießen können, weil sie z. B. durch Berufstätigkeit einen vorgeschriebenen Tagesablauf haben. So bin ich mit meinem jetzigen Leben zufrieden. Um diesen Zustand zu erhalten, passe ich gut auf mich auf. Durch das Führen der Schmerztagebücher habe ich gelernt, auf kleinere körperliche Signale der Überbeanspruchung zu achten. Ich ziehe mich dann sofort zurück, entspanne mich und habe erstaunlicherweise nicht mehr das Gefühl, etwas zu verpassen oder abhängig zu sein …"

Nach einem Jahr führten wir noch einmal eine Katamnese durch. Die bisher erreichten Effekte blieben stabil. Die Patientin hat ganz eigene, individuelle Formen der Autosuggestion entwickelt und hat ihre Freiheitsspielräume erweitert. Sie hat den Fragebögen wieder einen ausführlichen Brief beigefügt, aus dem wir jetzt zitieren wollen:

„… Nun habe ich noch einmal eine Woche das Schmerztagebuch geführt. Dabei ist mir deutlich geworden, dass ich gelernt habe, kleinste körperliche Signale wie Anspannung von Muskeln oder häufig veränderte Körper- bzw. Sitzhaltungen zu beachten. Ich gebe mir dann, egal wo ich bin oder was ich gerade mache, den inneren Befehl zu entspannen, locker zu lassen. Dann baut sich keine innere Verkrampfung auf, die zu Schmerzen führt.

Wenn das nicht ausreicht, hole ich mir ein Bild vor das geistige Auge. Dabei handelt es sich um den roten Balken an der Halswirbelsäule aus dem Video (Patientenedukationsfilm), das Sie mir gezeigt haben. Es sollte verdeutlichen, was die Autosuggestion im Körper bewirkt. Sie werden sich sicher daran erinnern. Nach dem Motto: „Es spielt sich alles im Kopf ab!" lasse ich den Schmerz dann nicht über die Barriere. Und es wirkt!

Mindestens einmal am Tag, meistens vor meinem gemütlichen Mittagsschlaf, beschäftige ich mich ausführlicher mit dem bei Ihnen gelernten Programm. Meistens genügt eine Kurzfassung – roter Punkt – körperliche Entspannung – Vorstellung von Karibik, Palmen, Wärme, Loslassen – und der gewünschte Effekt stellt sich ein.

Wenn ich in Phasen längerer Belastung lebe, gehe ich das ganze Programm durch. Das war z. B. über Weihnachten der Fall. Unser Sohn, der in England studiert, war drei Wochen mit seiner Freundin bei uns. So schön das auch war, ich merkte, dass es mich aus dem gewohnten Rhythmus brachte. Wir haben viel länger, als es sonst mein Mann, unsere Tochter und ich es tun, zusammen gesessen und geredet. Dazu kam noch Besuch, wie das an Feiertagen so abläuft. Mir wurde noch einmal deutlich, dass ich immer auf mich aufpassen muss. Auch wenn mir Situationen oder Aktivitäten gefallen, ich muss mich dann doch zurückziehen und in Ausnahmefällen auch zur Kassette greifen.

Aber dafür war ich ja bei Ihnen, um einen Weg zu finden, mit meiner gesundheitlichen Situation umgehen zu lernen. Ich bin mir sicher, dass ich ohne die bei Ihnen erlernte Kontrolle über meinen Schmerz nicht zu die-

ser Akzeptanz meiner gesundheitlichen Probleme und der dadurch bedingten Einschränkungen gelangt wäre.

Ich stelle mir vor, dass durch die Therapie so etwas wie ein positiver Kreislauf in Gang gesetzt worden ist: Kontrolle über den Schmerz – Akzeptanz meines Problems – Berücksichtigen der körperlichen Signale – Reduzierung der Schmerzen – mehr Aktivitäten – mehr Lebensfreude – mehr positive Rückmeldungen durch die Umwelt – weitere Reduzierung der Schmerzen, bzw. ihrer Wahrnehmung.

So, das ist jetzt nun doch erheblich mehr als eine halbe Seite geworden. Da sehen Sie, wie lange ich jetzt am Computer sitzen kann! Na ja, ich habe zwischendurch eine Pause gemacht und – entspannt!!

Seien Sie ganz herzlich gegrüßt! …"

7.1.2 Frau O.

Die 50-jährige Patientin Frau O. klagt seit 11 Jahren über starke Rückenschmerzen. Sie wurde bereits sieben mal wegen diverser Bauchbeschwerden und sechs mal wegen Rückenbeschwerden operiert. Die Patientin gibt an, seit dem 18. Lebensjahr unter Migräne zu leiden. Seit 1996 ist sie wegen ihrer Schmerzsymptomatik frühzeitig berentet. Wegen der starken Schmerzsymptomatik und der damit verbundenen Einschränkungen entwickelte sie außerdem eine rezidivierende depressive Symptomatik mit abendlich depressiver Stimmungslage, verminderter Lebensfreude, Schlafstörungen bei nächtlichen Schmerzspitzen und zeitweise suizidale Gedanken. Den empfohlenen Medikationsplan ihres Neurologen hält sie nach eigenen Angaben nicht systematisch ein.

Medikamente

Die Patientin kann ihre kombinierte und dabei höchst unsystematische Einnahme eines Neuroleptikums (Gabapentin®) und eines Opioids (Dextropropoxyphen® ret.) kontinuierlich senken und bis zur 7. Hypnosewoche vollständig beenden. Das eigentlich nur für den Bedarfsfall verordnete Opioid hatte sich zu Therapiebeginn in eine Dauermedikation „verwandelt", offensichtlich ohne Kenntnis des verordnenden Arztes. Die ebenfalls verordnete kombinierte Einnahme zweier Antidepressiva konnte sie bis zur 5. Hypnosewoche ebenfalls vollständig einstellen. Alle vier Präparate wurden in der 7. Hypnosewoche – nach Konsultation eines Schmerztherapeuten – durch ein einziges Opioid ersetzt, welches die Patientin im beobachteten Zeitraum bis zum Therapieende systematisch einnahm.

Schmerztagebuch

Aus dem Schmerztagebuch ergibt sich eine *durch-schnittliche Schmerzstärke* vor Therapiebeginn von 6,2 (11-stufige Skala: 0 = kein Schmerz; 10 = un-erträglicher Schmerz) und zu Therapieende von 3,7. Ihre *Stimmung* verbessert sich auf einer eben-falls 11-stufigen Skala mit umgekehrter Polung von 3,9 auf 5,6. Auch das Ausmaß ihrer *Aktivitäts-beeinträchtigungen* durch die Schmerzen verrin-gert sich von 4,9 auf 3,6 zu Therapieende (11-stu-fige Skala: 0 = keine Beeinträchtigung; 10 = sehr starke Beeinträchtigung).

Autohypnose

Die *autohypnotischen Übungen* führt die Patientin sehr gewissenhaft und regelmäßig durch (1–3mal täglich). Zu Therapieende erreicht sie bei einer durchschnittlichen Schmerzstärke von 4,1 *vor* der Autohypnose eine völlige Schmerzfreiheit *während* der Hypnose, die auch danach nur unwesentlich ansteigt (0,14).

Katamnese

Die Patientin gibt im Veränderungsfragebogen drei Monate nach Therapieende an, ihre „Schmer-zen besser ertragen" zu können, insgesamt seien diese „schwächer als vor der Behandlung". Ihr „seelisches Befinden habe sich leicht gebessert", den Behandlungserfolg beschreibt sie abschlie-ßend als „zufriedenstellend".

7.1.3 Frau H.

Die 32-jährige Patientin H. leidet seit einem Autounfall vor etwa 15 Jahren, bei dem sie eine Halswirbelfraktur erlitt, unter chronischen Rü-ckenschmerzen und rezidivierenden LWS-Blo-ckaden. Außerdem berichtet sie über Migräne-beschwerden und seit dreizehn Jahren auch unter fibromyalgischen Muskel- und Gelenkschmer-zen. Auf Grund ihrer Schmerzsymptomatik be-fürchtet sie, den Anforderungen im Beruf – die Patientin arbeitet als Krankenschwester – nicht mehr gewachsen zu sein. Zusätzlich zur Schmerz-symptomatik leidet die Patientin an Epilepsie, die zum Zeitpunkt der Behandlung erfolgreich medikamentös behandelt wurde. Vermutlich im Zusammenhang mit ihrer Epilepsie und der chro-nischen Schmerzsymptomatik entwickelte die Patientin zusätzlich noch eine Agoraphobie mit Panikstörung.

Medikamente

Die Patientin nimmt neben ihrer regelmäßigen Epi-lepsiemedikation meist ein Myotonolytikum, ein Antirheumatikum (NSAR) und dreimal täglich ein Opioid ein. Der wechselnde Einsatz von bis zu drei verschiedenen Präparaten täglich ist nicht selten. Die Einnahme der ersten beiden Präparate beendet sie bereits in den ersten Hypnosewochen. Die drei-mal tägliche Einnahme des Opioids kann sie ab der 4. Hypnosewoche auf zweimal täglich reduzieren, dann bis zur 7. Hypnosewoche gänzlich einstellen.

Schmerztagebuch

Aus dem Schmerztagebuch ergibt sich vor Thera-piebeginn eine durchschnittliche Schmerzstärke von 3,7 (11-stufige Skala s. o.). Zu Therapiebeginn leidet die Patientin unter einer akuten LWS-Blo-ckade, die durchschnittliche Schmerzstärke steigt auf 4,2. Zu Therapieende errechnet sich eine durch-schnittliche Schmerzstärke von 1,1. Ihre Stim-mung verbessert sich leicht von durchschnittlich 5,3 vor Therapiebeginn auf 5,8 zu Therapieende. Auch das Ausmaß ihrer *Aktivitätsbeeinträchti-gungen* durch die Schmerzen verringert sich von 2,3 auf 1,3 zu Therapieende (11-stufige Skala: 0 = keine Beeinträchtigung; 10 = sehr starke Beein-trächtigung). Dieses insgesamt geringe Ausmaß der subjektiv empfundenen Aktivitätsbeeinträch-tigung zu Therapiebeginn steht in deutlichem Kon-trast zu dem beträchtlichen Medikamentenkon-sum zu Therapiebeginn.

Autohypnose

Die *autohypnotischen Übungen* führt auch diese Patientin sehr gewissenhaft und regelmäßig durch (1–2mal täglich, bei Bedarf auch 3mal). Zu The-rapieende erreicht sie bei einer durchschnittli-chen Schmerzstärke von 1,8 *vor* der Autohypnose eine völlige Schmerzfreiheit *während* und *nach* der Hypnose.

Katamnese

Die Patientin übt im Zeitraum von drei Monaten nach Therapieende kontinuierlich weiter und kann ihre Zufriedenheit mit dem Therapieerfolg sogar noch steigern. Direkt zu Therapieende beschreibt sie eine „Steigerung ihres Selbstwertgefühls", da sie ihre Schmerzen jetzt „besser steuern" könne, eine „Steigerung ihrer Leistungsfähigkeit" und durch die therapeutischen Gespräche eine „Ver-ringerung von Schuldgefühlen".

Schmerztagebuch (Fallbeispiel)

Name: *Frau H.*   Woche vom: *18.2.* bis: *24.2.*   Code- Nr.:

Montag	Dienstag	Mittwoch	Donnerstag	Freitag	Samstag	Sonntag

1. Hatten Sie heute Schmerzen? (Zutreffendes bitte durchkreuzen)

Ja / Nein	Ja / Nein	Ja / Nein	Ja / Nein	Ja / Nein	Ja / Nein	Ja / Nein

2. Schätzen Sie die Stärke Ihrer Schmerzen ein (10 = unerträglich; 0 = gar keine Schmerzen)
na = nachts (0.00 – 6.00 Uhr); v = vormittags (6.00 – 12.00 Uhr); n = nachmittags (12.00 – 18.00 Uhr); a = abends (18.00 – 0.00 Uhr)
(Zutreffendes bitte durchkreuzen)

(Tabelle mit Werteskala 0–10 für na, v, n, a an jedem Wochentag, mit eingetragenen Kreuzen)

seit 15.2.
auch mal
Zahnschmerz
a Hacken!

3. Beginn (Uhrzeit) **und Dauer der Schmerzen** (in Stunden oder Minuten):

4. Wie stark beeinträchtigen die Schmerzen heute Ihre allgemeinen Aktivitäten?
(Tragen Sie bitte eine Zahl ein zwischen: 10 = sehr stark … bis … 0 = gar nicht)

na	v	n	a	na	v	n	a	na	v	n	a	na	v	n	a	na	v	n	a	na	v	n	a	na	v	n	a
2	4	2	3	9	5	3	4	4	2	5	4	3	5	5	4	3	4	3	5	0	3	5	4	0	2	5	5

na: im Liegen 4½ Heilträume wachliegen

5. Wie gut ging es Ihnen im Verlauf des Tages, wie war Ihre Stimmung?
(Tragen Sie bitte eine Zahl ein zwischen: 10 = sehr gut … bis … 0 = sehr schlecht)

na	v	n	a	na	v	n	a	na	v	n	a	na	v	n	a	na	v	n	a	na	v	n	a	na	v	n	a
8	5	7	6	2	4	3	2	4	4	5	4	5	4	5	5	5	4	4	3	5	4	3	2	4	5	3	2

6. Name und Anzahl der heute eingenommenen Schmerzmedikamente (Tragen Sie bitte hinter den Buchstaben die Medikamente ein und in die Tagestabelle unten den zutreffenden Buchstaben)

A = *Amaldol 50 ret.*   B = *Paracetamol 500 mg*

C = *Novalgin 20 Trpf.*   D = *Vioxx 25 mg*

na	v	n	a	na	v	n	a	na	v	n	a	na	v	n	A	na	v	n	a	na	v	n	a	na	v	n	a
	A	A	A			C			D				D				C				C				C		
B	B				A	A	A		A	A	A	B					B				B						

7. Waren Sie heute besonderen Belastungen ausgesetzt?
(10 = sehr stark belastet … bis … 0 = gar nicht belastet):

7	5	5	8	5	5	5

8. Welchen körperlichen/psychischen Belastungen waren Sie heute ausgesetzt? (bitte kurz schildern):

Arbeit Begräbnis	*Arbeit Wäsche*	*Arbeit Haushalt*	*Arbeit Zahnarzt*	*Arbeit*	*Wochenenddienst schieben*	*Wochenenddienst*

9. Welche Bewältigungsmaßnahmen/Übungen haben Sie durchgeführt? (Tragen Sie bitte hinter den Buchstaben die Schmerzenstärke vor – während – nach der Anwendung ein)

A = Autohypnose   B = _____

Übung	Schmerz V-W-N	Übung	Schmerz V-W-N	Übung	Schmerz V-W-N	Übung	Schmerz V-W-N	Übung	Schmerz V-W-N	Übung	Schmerz V-W-N	Übung	Schmerz V-W-N
A	6-0-3	A	6-0-4	A		A	6-0-4	A		A	7-0-5	A	5-0-3
	4-0-2		8-0-6		5-0-2		5-0-3		7-0-3		6-0-3		4-0-4

Abbildung 2:
Ausgefülltes Schmerztagebuch von Frau H.

Auch eine versuchte Vergewaltigung nach Therapieende und die nachfolgende Psychotherapie wegen posttraumatischer Belastungssymptomatik tragen nicht zu einer rezidivierenden Schmerzsymptomatik bei. Der Behandlungserfolg konnte sich trotz dieser erheblichen Belastungen weiter stabilisieren.

7.1.4 Frau V.

Frau V. ist 26 Jahre alt und leidet seit ihrem 18. Lebensjahr unter Migräne. Anamnestisch beschreibt sie ihren täglichen Kopfschmerz als „dumpf und drückend, der den ganzen Schädel einschließlich Gesicht und Nacken pausenlos erfüllt". Bei Migräneanfällen steigere sich dies zu einem „einseitig stechend-brennendem Schmerz, auch durchs Auge stoßend wie ein Messer." Neben dem kontinuierlichen Dauerkopfschmerz, der von Migräneattacken unterbrochen wird, leidet sie unter gelegentlichen rheumatischen Beschwerden. Die Patientin berichtet, dass sich infolge ihrer ausgeprägten Schmerzstörung eine Einschlafstörung entwickelt habe.

Medikamente

Die Patientin nimmt zu Therapiebeginn täglich ein Opioid als Retardprodukt (Tramadol®) ein. Bei akuten Migräneanfällen, die aus dem kontinuierlichen Schmerzniveau jedoch kaum hervortreten, hemmt sie die starke Neigung zu Erbrechen durch entsprechende Migränepräparate (Dimenhydrinat®) und behandelt die Schmerzen im akuten Anfall mit einem Serotoninantagonisten (Rizatriptan®). Die Einnahme des Opioids beendet sie vollständig in der 3. Hypnosewoche. Auch hinsichtlich der Migränepräparate kommt es bis Therapieende zu einer leichten Reduktion.

Schmerztagebuch

Aus dem Schmerztagebuch ergibt sich eine *durchschnittliche Schmerzstärke* vor Therapiebeginn von 5,5, zu Therapieende von 5,4. Eine Minderung der Schmerzstärke ist bei dieser Patientin nicht eingetreten. Ihre *Stimmung* bleibt ebenfalls unverändert (6,8 zu 7,1 am Ende der Therapie).

Autohypnose

Die *autohypnotischen Übungen* führt auch Frau V. sehr gewissenhaft und regelmäßig durch (1–3mal täglich). Anders als die beiden ersten Patientinnen erreicht sie durch die Autohypnose jedoch nur eine geringe Schmerzreduktion *während* und *nach* der Hypnose. Zu Therapieende erreicht sie bei einer durchschnittlichen Schmerzstärke von 5,7 *vor* der Autohypnose eine Schmerzstärke von 3,6 *während* der Hypnose, die *danach* wieder auf 4,6 ansteigt.

Katamnese

Auch wenn die Daten dieser Patientin, die zwangsläufig nur einen kleinen Ausschnitt aus dem Therapieverlauf darstellen, zu keiner objektiv messbaren Verringerung der Schmerzstärke führten, wohl aber zu einer Reduzierung ihres Medikamentenkonsums, so kann an dieser Stelle dennoch von einem individuellen Therapieerfolg gesprochen werden, wenn man den Aussagen der Patientin Aufmerksamkeit schenkt. Die Patientin berichtet: „Ich habe zum ersten Mal in einer Behandlung meiner chronischen Kopfschmerzen eine mehrtägige Schmerzreduktion erlebt. Und: Ich konnte diese selbst herbeiführen. Dies gibt mir Grund zur Hoffnung, dass eine weitere Schmerzreduktion durch mich selbst möglich ist."

Die Patientin beschreibt sich als „sehr leistungsorientiert und pflichtbewusst". Ihr eigenes Wohlergehen „stelle sie häufig hinten an". Sie habe in der Therapie jedoch gelernt, einen „neuen Satz" anstelle des alten „Ich arbeite weiter, egal, wie es mir geht" zu setzen: „Ich arbeite weiter, wenn es mir wieder besser geht." Sie meint dazu, sie setze sich selbst viel mehr unter Druck als ihre Umwelt dies tue. Dies zu ändern, würde noch dauern, aber sie sei guter Hoffnung.

Literaturverzeichnis

Ajzen, I. (1991). The Theory of planned behavior. Organizational Behavior and *Human Decisional Processes, 50,* 179–211.

Anderson, J. (1980). *Cognitive psychology and its complications.* San Francisco: Freeman.

Baddeley, A. (1996). Exploring the central executive. *The Quarterly Journal of Experimental Psychology, 49A* (1), 5–28.

Bandura, A. (1977a, deutsch 1979). *Sozial-kognitive Lerntheorie.* Stuttgart: Klett-Cotta.

Bandura, A. (1969). *Principles of behavior modification.* New York: Holt, Rinehart and Winston.

Basler, H.-D. (1993). Group treatment for pain and discomfort. *Patient Education and Counseling, 20,* 167–175.

Basler, H.-D., Jäkle, C. & Kröner-Herwig, B. (1996). Incorporation of cognitive-behavioral treatment in the medical care of chronic low back patients: a controlled randomised study in German pain treatment centres. *Patient Education and Counseling, 31,* 113–124.

Basler, H.-D., Jäkle, C. & Kröner-Herwig, B. (1997). Cognitive-behavioral therapy for chronic headache at german pain centres. *International Journal of Rehabilitation and Health, 2,* 235–253.

Basler, H.-D. & Kröner-Herwig, B. (1998). *Psychologische Therapie bei Kopf- und Rückenschmerzen. Ein Schmerzbewältigungsprogramm zur Gruppen- und Einzeltherapie.* (2. Aufl.). München: Quintessenz.

Basler, H.-D., Jäkle, C. & Kröner-Herwig, B. (1999). *Psychologische Schmerztherapie.* Berlin: Springer.

Beck, A.-T., Rush, A.-J., Shaw, B.-F. & Emery, G. (1981). *Kognitive Therapie der Depression.* München: Urban & Schwarzenberg.

Birbaumer, N., Flor, H., Lutzenberger, W. & Elbert, T. (1995). The brain corticalization of pain. In: Bromm and Desmedt (Hrsg.), *Pain and the brain: From nociception to cognition (S. 331–355).* New York: Raven Press.

Bischoff, C., Traue, H.-C. & Zeus, H. (1999). Kopfschmerz vom Spannungstyp. In M. Basler & B. Kröner-Herwig (Hrsg.). *Psychologische Schmerztherapie.* Berlin: Hoppengarten.

Block, A.-R., Kremer, A.-F. & Gaylor, M. (1980). Behavioral treatment of chronic pain: The spouse as a discriminative cue for pain behavior. *Pain, 9,* 245–252.

Block, A.-R. (1981). An investigation of the response of the spouse to chronic pain and behavior. *Psychosomatic Medicine, 4,* 425–432.

Bode (2000). *Wirksamkeit einer hypnotischen Intervention bei chronischen Schmerzpatienten.* Unveröffentlichte Diplomarbeit, Georg-August-Universität Göttingen.

Bongartz, W. & Bongartz, B. (1998). *Hypnosetherapie.* Göttingen: Hogrefe.

Brune, K. (1984). Peripher wirkende Analgetika. In: M. Zimmermann & H.-O. Handwerker (Hrsg.), *Schmerz: Konzepte ärztlichen Handelns (S. 44–66).* Berlin: Springer.

Campbell, J. (1991). *Mythologie der Urvölker: Die Masken Gottes.* Basel: Sphinx-Verlag.

Casey, K.-L. (Hrsg.) (1991). *Pain and central nervous system disease: The central pain syndromes.* New York: Raven Press.

Christensen, M.-F. & Mortensen, O. (1975). Long term prognosis in children with recurrant abdominal pain. *Archives of Disease Childhood, 50,* 110–114.

Craig, K.-D. (1986). Social model influences: Pain in context. In: R.-A. Sternbach (Hrsg.), *The psychology of pain.* Raven: New York.

Crawford, H.-J., Gur, R.-C. & Skolnick, B. et al. (1993). Effects of hypnosis on regional blood flow during ischemic pain with and without suggested hypnotic analgesia. *International Journal of Psychophysiology, 15,* 181.

Crawford, H.-J. (2002). Why can't every one control pain with hypnotic analgesia? Der Schmerz, Band 16, Supplement 1, S. 11.

Dilling, H., Mombour, W., Schmidt, M. H. & Schulte-Markwart (Hrsg.) (2000). Internationale Klassifikation psychischer Störungen. *ICD-10 Kapitel V (F).* Bern: Hans Huber.

Dillmann, U. Nilges, P., Saile, H. & Gerbershagen, H.-U. (1994). Behinderungseinschätzungen bei chronischen Schmerzpatienten. *Schmerz, 8,* 100–110.

Edelson, J. & Fitzpatrick, J.-L. (1989). A Comparison of cognitive-behavioral and hypnotic treatments of chronic pain. *Journal of Clinical Psychology, 45,* 316.

Egle, U.-T. (Hrsg.) (1993). *Der Schmerzkranke: Grundlagen, Pathogenese, Klinik und Therapie chronischer Schmerzsyndrome aus bio-psycho-sozialer Sicht.* Stuttgart: Schattauer.

Engel, G.-L. (1959). „Psychogenic" pain and the pain-prone patient. *American Journal of Medicine, 26,* 899–918.

Engel, R. (2000). *Minnesota Multiphasic Personality Inventory 2 (MMPI-2).* Bern: Huber.

Flor, H. & Turk, D.-C. (1984). Etiological theories and treatments for chronic back pain. Somatic models and interventions. *Pain, 19,* 105–121.

Flor, H. & Turk, D.-C. (1988). Chronic back pain and rheumatoide arthritis: Predicting pain and disability from cognitive variables. *Journal of Behavioral Medicine, 11,* 251–265.

Flor, H. (1991). *Psychologie des Schmerzes.* Bern: Hans Huber.

Flor, H., Turk, D.-C. & Fydrich, T. (1992). Efficacy of multidisciplinary pain treatment centres: a Meta-analytic review. *Pain, 49*, 221–230.

Flor, H., Breitenstein, C., Birbaumer, N. & Fürst, M. (1995). A psychological analysis of operant reinforcement, spouce interaction and pain perception. *Behavior Therapy, 26*, 255–272.

Fordyce, W.-E. (1976). *Behavior methods for control of chronic pain and illness.* St. Luis: Mosby.

Fordyce, W.-E. (1986). Behavioral concepts of chronic pain. In: R.-A. Sternbach (Hrsg.) *The psychology of pain.* New York: Raven Press.

Fordyce, W.-E. (1988). Pain and Suffering: A reappraisal. *American Psychologist, 43*, 276–283.

Fordyce, W.-E. (1995). *Back pain in the workplace.* Seattle: IASP Press.

Geissner, E. (1992). Psychologische Modelle des Schmerzes und der Schmerzverarbeitung. In: E. Geissner & G. Jungnitsch (Hrsg.), *Psychologie des Schmerzes: Diagnose und Therapie.* Weinheim: PVU.

Gerber, W.-D. & Schoenen, J. (1998). Biobehavioral correlates in migraine: The role of hypersensitive and information-processing dysfunction. *Cephalalgia* (in press).

Gerber, W.-D. (1999). Migräne. In M. Basler & B. Kröner-Herwig (Hrsg.). *Psychologische Schmerztherapie.* Berlin: Hoppengarten.

Gerbershagen, H.-U. (1995). Die Stadienzuordnung chronischer Schmerzen – Das Mainzer Stadien Konzept des Schmerzes. *Schmerz, Pain, Douleur* (im Druck).

Glaser, J. (1980). *Lehr- und Übungsbuch für Psychotonik.* Heidelberg: Haug-Verlag.

Goodman, F.-D. (1996). *Trance – der uralte Weg zum religiösen Erleben.* Gütersloh: GTB Siebenstern.

Grawe, K. (1995). Grundriss einer allgemeinen Psychotherapie. *Psychotherapeut, 40*, 130.

Guck, T.-P., Skultely, F., M. & Meilman, P. W. (1985). Multidisciplinary pain centre follow-up-Study: Evaluation with no treatment control group. *Pain, 21*, 291–307.

Hager, W. & Spies, K. (1991). *Versuchsdurchführung und Versuchsbericht. Ein Leitfaden.* Göttingen: Hogrefe.

Hager, W., Patry, J.-L. & Brezing, H. (Hrsg.) (2000). *Evaluation psychologischer Evaluationsmaßnahmen – Kriterien und Standards.* Bern: Hans Huber

Halama, P. (2001). In memoriam: Oskar Voigt – Begründer der wissenschaftlichen und neuen Hypnose in Deutschland. *Experimentelle und Klinische Hypnose, 17* (2), 137–176.

Hasenbring, M. (1999). Prozesse der Chronifizierung von Schmerzen. In: M. Basler & B. Kröner-Herwig (Hrsg.) *Psychologische Schmerztherapie*, 161–177. Berlin: Hoppengarten.

Hautzinger, M. (1999). Behandlung von Depression und Angst bei Schmerzzuständen. In: M. Basler & B. Kröner-Herwig (Hrsg.). *Psychologische Schmerztherapie*, 749–759. Berlin: Hoppengarten.

Hilgard, E.-R. (1974). Toward a neodissociation theory: Multiple cognitive controls in human functioning. *Perspectives in biology and medicine, 17*, 301–316.

Hilgard, E.-R. (1965). *Hypnotic susceptibility.* New York: Harcourt, Brace & World.

Hinton, G.-E. & Anderson, J.-A. (1981). *Parallel models of associative memory.* Hilsdale: LEA.

Hoppe (1986). *Direkte und indirekte Suggestionen in der hypnotischen Beeinflussung chronischer Schmerzen: Theoretische Ansätze und empirische Untersuchungen.* Frankfurt/Main: Lang.

Hoppe, F. (1993a). Schmerz. In: Revenstorf (Hrsg.), *Klinische Hypnose.* (S. 297–312). Berlin: Springer.

Hoppe, F. (1993b). Psychologische Wirkfaktoren der hypnotischen Schmerzlinderung: Eine Prozeßstudie zur symptom- und problembezogenen Anwendung von Hypnose bei chronischen Schmerzpatienten. *Zeitschrift für Klinische Psychologie, 22*, 420–440.

Hull, C.-L. (1933). *Hypnosis and suggestibility: An experimental approach.* New York: Appleton-Century-Crofts.

IASP (2004): *http://www.iasp-pain.org/terms-p.html#Pain (28. 2. 2004)*

Ingram, R., Atkinson, J., Slater, M., Saccuzzo, D. & Garfin, S. (1990). Negative and positive cognition in depressed chronic-pain patients. *Journal of Health Psychology, 9*, 300–314.

Jacobs, S., Strack, M., Bode, G. & Kröner-Herwig, B. (2001). Hypnotherapeutische Interventionen im Rahmen eines verhaltenstherapeutischen Kurzprogramms zur Behandlung chronischer Schmerzen. *Verhaltenstherapie und Verhaltensmedizin, 22* (3), 199–217.

Jacobs, S. & Dreisörner, T. (1997). Zur Wirksamkeit verschiedener Hypnoseinduktionsformen einschließlich computergestützter Tranceinduktion. *Experimentelle und klinische Hypnose, 13, 1*, 1–12.

Jacobs, S. (2000). Hypnotherapeutische Interventionen im Rahmen eines verhaltenstherapeutischen Kurzprogramms zur Behandlung chronischer Schmerzen. *Lehrfilm* und *Therapiemanual* (VHS/DVD, 40 min.). Universität Göttingen: Medien in der Medizin.

Jacob, R.-G. et al. (1983). Predicting outcome of rehabilitation therapy in headaches: The role of „depression". *Behavior Therapy, 14*, 457–465.

Jänig, W. (1993). In: M. Zens, J. Jurna (Hrsg.), *Lehrbuch der schmerztherapeutischen Wissenschaft.* Stuttgart: Verlagsgesellschaft mbH.

Junke, M., Jacobs, S. & Strack, M. (2007). Evaluation der Verhaltenstherapeutischen Hypnose zur Behandlung chronischer Schmerzen im Einzel- oder Gruppensetting. *Verhaltenstherapie und Psychosoziale Praxis, 39. Jg.* (3), 541–552.

Kerns, R.-D. & Hawthornthwaite, J.-A. (1988). Depression among chronic pain patients: cognitive-behavioral analysis and effects on rehabilitation. *Journal of Consulting and Clinical Psychology, 56*, 870–876.

Klinger, R., Nutzinger, D.-O. & Geissner, E. et al. (1999). Follow-up Ergebnisse stationärer verhaltenstherapeutisch orientierter Schmerztherapie. *Zeitschrift für Klinische Psychologie, 28*, 267–272.

Klinger, R., Hasenbring, M., Pfingsten, M., Hürter, A., Maier, C. & Hildebrandt, J. (2000). Multiaxiales Schmerzklassifikationssystem MASK. DGSS. *http://www.dgss.org/Archiv/AKMASKP.html*

Kossak, H.-C. (1993). *Lehrbuch Hypnose.* Weinheim: PVU.

Kröner-Herwig, B. (1999). Schmerzpersönlichkeit – Eine Fiktion. In: M. Basler & B. Kröner-Herwig (Hrsg.) *Psychologische Schmerztherapie.* Berlin: Hoppengarten.

Kröner-Herwig, B. (1999). Die Behandlung chronischer Schmerzsyndrome: Plädoyer für einen integrativen Therapieansatz. In: M. Basler & B. Kröner-Herwig (Hrsg.), *Psychologische Schmerztherapie, 567–580.* Berlin: Hoppengarten.

Kröner-Herwig, B. (2000). *Rückenschmerz. Fortschritte der Psychotherapie.* Göttingen: Hogrefe.

Kröner-Herwig, B. (1991). *VHS-Film: „Chronischer Schmerz – Schmerzedukation für chronische Schmerzpatienten".* Universität Düsseldorf, Psychologisches Institut.

Kröner-Herwig, B. (2003). *Chronischer Schmerz – Die Chancen psychologischer Therapie.* Georg-Elias-Müller-Institut für Psychologie. Universität Göttingen: ZEM (VHS und DVD, 30 Minuten).

Kruse, P. (1987). Hypnose und Suggestion aus radikal konstruktivistischer Sicht. Vortrag, gehalten am 17. 10. 1987, 9. Tagung der Dt. Gesellschaft für Hypnose. Bad Lippspringe.

Kuile, M., Spinhoven, P., Linssen, A.-C., Zitman, F., Van Dyck, R. & Rooijmans, H. (1994). Autogenic training and cognitive self-hypnosis for thes treatment of recurrent headaches in three different subject groups. *Pain, 59,* 331.

Langen, D. (1972). *Kompendium medizinischer Hypnose.* Basel: Karger.

Lazarus, R.-S. & Folkman, S. (1984). *Stress, appraisal and coping.* New York: Springer.

Lefebvre, M. (1981). Cognitive distortion and error in depressed psychiatric and low back pain patients. *Journal of Consulting and Clinical Psychology, 49,* 517–525.

Lynn, S.-J., Rhue, J.-W. & Weeks, J.-R. (1989). Hypnosis and experienced non-volition: A social-cognitive integrative model. In: N. Spanos & J.-F. Chaves (Hrsg.) Hypnosis: *The cognitive-behavioral approach.* (S. 78–109). New York: Prometheus Books.

Lynn, S.-J. & Rhue, J.-W. (Hrsg.) (1991). *Theories of Hypnosis. Current models and perspectives.* London: Guildford.

Magni, G., Moreschi, C., Rigatti-Luchini & S., Mersky, H. (1994). Prospective study on the relationship between depressive symptoms and chronic musculo-sceletal pain. *Pain, 56,* 289–297.

Margraf, J. (1994). *Diagnostisches Kurz-Interview bei psychischen Störungen (MINI-DIPS).* Berlin: Springer.

Maturana, H. & Varela, F. (1980). *Autopoiesis and Cognition.* Dordrecht.

McClelland, J.-L., Rumelhart, D. E. & the PDP research group (1986). *Parallel Distributed Processing, Vol. 2. Psychological and biological models.* Cambridge, Mass: MIT-Press.

Melzack, R. & Wall, P.-D. (1965). Pain mechanisms: A new theory. *Science, 150,* 71–79.

Melzack, R. (1973). *The puzzle of pain.* Harnonsworth, Middlesex, England: Penguin Book Ltd.

Milgram, S. (1965). Some conditions of obedience and disobedience to authority. *Human Relations, 18,* 57–76.

Minuchin, S. & Baker, L. et al. (1975). A conceptional model of psychosomatic illness in children: Familiy organization and familiy therapy. *Archives of General Psychiatry, 32,* 1031– 1035.

Nathan, P.-W. (1976). The Gate Control Theory of Pain. A critical review. *Brain 99 (1),* 123–158.

Nix, W. A. (2002) Fibromyalgie – Störung der zentralen Schmerz- und Stressverarbeitung: gegenwärtiger Forschungsstand von organ-biologischer Seite. Der Schmerz, Bd. 16, Supplement 1, S. 17.

Norman, D.-A. & Rumelhart, D.-E. (1975). *Explorations in cognition.* San Francisco: Freeman.

Perrini, C., Battegay, R. & Müller, W. (1985). Die Behandlung der generalisierten Tendomyopathie. *Aktuelle Rheumatologie, 10,* 59–62.

Pfingsten, M. (2000). Patientenbogen I und II der DGSS. *http//:www.dgss.de.*

Phillips, H.-C. (1987). Avoidance behavior and its role in sustaining chronic pain. *Behavior Resarch and Therapy, 25,* 273–279.

Pietri-Taleb, F., Riihimäki, H. & Viikari-Juntura, E. (1995). The role of psychological distress and Personality in the incidence of sciatic pain among working men. *American Journal of Public Health, 85,* 541–545.

Prigogine, I. (1967). Dissipative Structures in chemical systems. In: S. Claessons (Hrsg.), *Fast reactions and primary processes in chemical kinetics.* New York.

Primavera, J.-P. & Kaiser, R.-S. (1992). Non-pharmacological treatment of headache: Is less more? *Headache, 32,* 393.

Raspe, H.-H. (1994). Rückenschmerzen – dazu laden wir doch geradezu ein. *Ärztliche Allgemeine, 5,* 5–8.

Revenstorf, D. (Hrsg.) (1993). *Klinische Hypnose.* Berlin: Springer.

Romano, J.-M. & Turner, J.-A. (1985), Chronic pain and depression. Does the evidence support a relationship? *Psychological Bulletin, 97,* 18–34.

Rumelhart, D.-E., McClelland, J.-L. & the PDP Research Group (1988). *Parallel distributed processing: Explorations in the microstructure of cognition: Vol. 1. Foundations.* Cambridge: MIT-Press.

Ruoß, M. (1998) Psychologie des Schmerzes: Chronische Schmerzen in kognitions-psychologischer Perspektive. Hogrefe: Göttingen.

Saper, J.-R. (1988). Ergotamine dependency: *A review. Headache, 8,* 435–438.

Saß, H., Wittchen, H.-U., Zaudig, M. & Houben, I. (Dt. Bearb.) (2003). *Diagnostisches und statistisches Manual Psychischer Störungen – Textrevision (DSM-IV-TR).* Göttingen: Hogrefe.

Schmidt, A.-J.-M. & Brands, A. (1986). Percistence behavior of chronic low back pain patients in an acute pain situation. *Journal of Psychosomatic Research, 30,* 324–346.

Schmidt, R.-F. (1972). The Gate Control Theorie des Schmerzes: Eine unwahrscheinliche Hypothese. In: R. Janzen: *Schmerz*: Grundlagen, Pharmakologie, Therapie; Internationales Symposium über den Schmerz im Oktober 1969 in Rottach-Egern. Stuttgart: Thieme.

Schultz, J. H. (1970). *Das autogene Training*: konzentrative Selbstentspannung; Versuch einer klinisch-praktischen Darstellung. Stuttgart: Thieme.

Seemann, H. & Zimmermann, M. (1999). Regualtionsmodell des Schmerzes aus systemtheoretischer Sicht – Eine Standortbestimmung. In: M. Basler & B. Kröner-Herwig (Hrsg.) *Psychologische Schmerztherapie,* 23–59. Berlin: Hoppengarten.

Seligman, M.-E.-P. (1975). *Learned helplessness.* San Francisco: W. Freeman.

Skinner (1953). *Science and human behavior.* New York: Mc Millan.

Spanos, N.-P. (1991). A socio-cognitive approach to hypnosis. In: S. J. Lynn & J. W. Rhue (Hrsg.), *Theories of Hypnosis. Current models and perspectives.* London: Guildford.

Spinhoven, P. & Linssen, A.-C. (1989). Education and self-hypnosis in the management of low back pain: A component analysis. *British Journal of Clinical Psychology, 28,* 145.

Sternbach, R., Wolf, S., Murphy, R. & Akeson, N. (1973). Traits of pain patients: The low back „loser". *Psychosomatics, 14,* 226–229.

Sternbach (1974). *Pain patients: traits and treatments.* New York: Academic Press.

Turk, D.-C., Meichenbaum, D. & Genest, M. (1983). *Pain and Behavioral Medicine.* New York: Guildford Press.

Turk, D.-C. & Gatchel, R.-J. (1996). *Psychological approaches to pain management: A practicioner's handbook.* New York: Guildford Press.

Turner, J.-A. & Clancy, S. (1988). Comparison of operant behavioral and cognitive behavioral group treatment for cognitive-behavioral group treatment for chronic low back pain. *Journal of Consulting and Clinical Psychology, 56,* 261–266.

Van Dyck, R., Zitman, F.-G., Linssen, A.-C. & Spinhoven, P. (1991). Autogenic training and future oriented hypnotic imagery in the treatment of tension headache: Outcome and process. *The International Journal of Clinical and experimental hypnosis, 39,* 6.

Waddel, G. et al. (1993). Fear avoidance beliefs questionnaire (FABQ) and the role of fear avoidance beliefs in chronic low back pain and disability. *Pain, 52,* 157–168.

Walter, H., Podreka, I., Suess, E., Saletu, B. & Lesch, O.-M. (1993). Von der Lateralisationstheorie zur Frontalisationstheorie der Hypnose. *Hypnose und Kognition, 10* (2): 6–15.

Warren, S. & Pitts, W.-H. (1943). A logical calculus of the ideas immanent in nervous activity. *Bull of Mathem Biophysics, 5,* 115.

Weisenberg, M. (1989). Cognitive aspects of pain. In: P.-D. Wall & R. Melzack (eds.) *Textbook of pain.* Edinburgh: Churchill Livingstone.

Weitzenhoffer, A.-M. (1953). *Hypnotism: An objective study on suggestibility.* New York: Wiley.

Weitzenhoffer, A.-M. & Hilgard, E.-R. (1959, deutsch 1982). Stanford Hypnotic Susceptibility Scale, Forms A and B. Palo Alto/CA: Consulting Psychologists Press. (deutsch: Walter Bongartz, Universität Konstanz).

Wildgrube, K. (1999). Medikamentenentzug bei Schmerzpatienten. In: M. Basler & B. Kröner-Herwig (Hrsg.), *Psychologische Schmerztherapie.* Berlin: Hoppengarten.

Zimmermann, M. (1993). Physiologische Grundlagen des Schmerzes und der Schmerztherapie. In: M. Zens & I. Jurna (Hrsg.) *Lehrbuch der Schmerztherapie, 3–13.* Stuttgart: WVG.

Zitman, F.-G., Van-Dyck, R., Spinhoven, P. & Linssen, A.-C. (1992). Hypnosis and autogenic training in the treatment of tension headaches: A two-phase constructive design study with follow-up. *Journal of Psychosomatic Research, 36,* 219.

IV. Anhang

Anhang 1

SHSS-Kurzform Therapeutenversion (Jacobs & Dreisörner, 1997)

Können Sie gut den Punkt an der Decke sehen?

Ja, also diesen Punkt meine ich, wenn ich gleich von Punkt spreche, den Punkt an der Decke sollen Sie fixieren.

Setzen Sie sich ganz bequem hin, legen Sie die Hände auf die Armlehnen und schauen Sie auf den Punkt an der Decke.

Ich werde Ihnen jetzt einige Anweisungen geben, die Ihnen hilfreich sein sollen, sich zu entspannen und ganz allmählich in einen hypnotischen Zustand zu kommen. Entspannen Sie sich völlig, machen Sie es sich ganz bequem.

Schauen Sie nun nach oben und fixieren Sie den Punkt an der Decke. Legen Sie den Kopf weit genug zurück, so dass Sie den Punkt ohne große Mühe ansehen können. Ich bitte Sie, diesen Punkt ständig anzublicken. Hören Sie bitte genau auf das, was ich sage. Ihre Fähigkeit hypnotisiert zu werden, hängt teilweise von Ihrer Zusammenarbeit ab, teilweise aber auch vom Ausmaß Ihrer Konzentration auf den Punkt und auf meine Worte.

Sie haben Ihre Bereitschaft zur Mitarbeit schon dadurch gezeigt, dass Sie hierher gekommen sind. Wenn Sie weiter mitarbeiten, kann ich Ihnen helfen, in einen hypnotischen Zustand zu gelangen. Sie können nur dann hypnotisiert werden, wenn Sie es auch wollen. Ich vermute, dass Sie es wollen und dass Sie nach besten Kräften mitarbeiten werden, indem Sie sich auf den Punkt konzentrieren und auf meine Stimme hören. Wenn sie der Meinung sind, dass sich irgend etwas ereignen wird, dann lassen Sie es geschehen, lassen Sie es ruhig geschehen. Wenn Sie aufmerksam auf meine Worte hören und wenn Sie an die Dinge denken, an die zu denken ich Ihnen auftrage, dann können Sie leicht erfahren, was es mit der Hypnose auf sich hat.

Es gibt nichts Geheimnisvolles an der Hypnose, sie ist nur eine völlig normale Form bestimmter psychologischer Prinzipien. Sie ist lediglich ein Zustand extremen Interesses, das auf eine ganz bestimmte Sache ausgerichtet ist.

Auf eine bestimmte Weise sind Sie schon hypnotisiert, wenn sie ein gutes Schauspiel anschauen, wenn Sie dabei vergessen, dass Sie nur ein Zuschauer sind. Wenn Sie stattdessen glauben, an dem Geschehen auf der Bühne beteiligt zu sein. Manche Menschen fühlen sich, wenn sie hypnotisiert werden, zunächst genau wie beim Einschlafen, aber mit dem einen Unterschied, dass sie irgendwie weiterhin meine Stimme hören. Wie ein Hintergrund zu anderen Erlebnissen, die Sie gleichzeitig haben können. In mancher Beziehung ist Hypnose wie Schlafwandeln, sie ist jedoch nicht für jeden gleich, sondern ein individuelles Erlebnis. Eine hypnotische Person hat Ähnlichkeit mit einem Schlafwandler, sie kann in ihrem hypnotischen Zustand sehr komplexe und verschiedenartige Aufgaben lösen.

Ich bitte Sie, Ihre Aufmerksamkeit und Ihr Interesse aufrechtzuerhalten und in demselben Maße wie bisher mitzuarbeiten. Es wird nichts geschehen, was Sie in irgend einer Form in Verlegenheit bringen könnte. Für die meisten Menschen ist dies ein sehr interessantes Erlebnis.

Entspannen Sie sich völlig, seien Sie völlig gelöst. Fixieren sie den Punkt. Schauen sie ihn ununterbrochen an. Falls Ihre Augen einmal abschweifen, ist das nicht so schlimm. Richten Sie sie wieder auf den Punkt. Nach einiger Zeit sehen Sie den Punkt vielleicht verschwommen, möglicherweise fängt er auch an sich zu bewegen, wird mal scharf, mal unscharf, er verändert seine Farbe. Das ist ganz natürlich. Wenn Sie dabei schläfrig werden, ist das auch gut.

Was immer auch geschieht, lassen sie es geschehen, fixieren sie weiterhin den Punkt. Ihre Augen werden bald anfangen etwas zu brennen und so müde werden, Ihre Augenlider so schwer, dass sie kaum noch in der Lage sein werden, Ihre Augen offen zu halten. Sie werden sie dann schließen, ganz von selbst schließen. Wenn das geschieht, wehren Sie sich nicht dagegen, lassen sie es geschehen. Einfach die Augen schließen und sich völlig entspannen.

Entspannen Sie jeden Muskel ihres Körpers. Entspannen Sie die Muskeln ihrer Beine, entspannen Sie die Muskeln der Füße, entspannen Sie die Muskeln der Arme, die Muskeln der Hände, der Finger, entspannen Sie die Muskeln ihres Nackens, der Schultern, des Brustkorbs, alle Muskeln Ihres Körpers. Seien sie völlig gelöst, völlig gelöst. Entspannen Sie sich mehr und mehr, immer mehr. Entspannen Sie sich vollkommen, ganz entspannen, ganz entspannen.

Während Sie sich mehr und mehr entspannen, wird Sie vielleicht ein Gefühl der Schwere überkommen. Sie fühlen, dass die Arme und Beine schwer werden … Hände und Füße werden schwer … Ihr ganzer Körper wird schwer … Ihre Beine sind entspannt und schwer, entspannt und schwer. Ihre Arme sind schwer, angenehm schwer … Ihr ganzer Körper wird schwer, schwerer, immer schwerer. Ihre Augenlider sind besonders schwer, müde und schwer. Sie fühlen sich schläfrig, müde und schläfrig. Ihr Atem wird langsam und regelmäßig, langsam und regelmäßig … Sie werden müde und schläfrig, immer müder und schläfriger, während ihre Augenlider schwerer und schwerer werden … Immer müder und schwerer …

Sie sind nun angenehm entspannt, aber Sie werden sich noch viel mehr entspannen, noch viel mehr. Ihre Augenlider sind jetzt geschlossen, Sie werden ihre Augen geschlossen halten, bis ich es Ihnen sage, Sie sollen sie öffnen, oder Sie sollen erwachen …

Ihre Augen sind nun schon eine lange Zeit geschlossen, während Sie entspannt daliegen.

Sie sind jetzt fest geschlossen, ganz fest geschlossen …

Wenn Sie nun versuchen würden, sie zu öffnen, hätten Sie das Gefühl, als ob Ihre Augenlider zusammengeklebt wären …

ganz fest zusammengeklebt …

ganz fest zusammengeklebt …

Sie wollen vielleicht gleich versuchen, Ihre Augen zu öffnen, trotz des Gefühls, dass sie so schwer und fest zusammengeklebt sind …

Versuchen Sie es …

Versuchen Sie, die Augen zu öffnen …

Sie versuchen es nur …

Entspannen Sie Sich nun wieder. Ihre Augen sind nun wieder ganz normal locker. Halten sie die Augen geschlossen und entspannen Sie sich wieder.

Sie fühlen sich schläfrig und müde. Achten sie nur auf meine Stimme. Richten Sie ihre ganze Aufmerksamkeit nur auf meine Stimme. Denken Sie nur an das, was ich Ihnen sage. Hören Sie nur zu. Sie werden noch viel schläfriger und müder. Sie werden gleich tief eingeschlafen sein. Aber sie werden weiter meine Stimme hören. Sie werden nicht eher erwachen bis ich es Ihnen sage.

Ich beginne jetzt zu zählen. Bei jeder Zahl werden Sie spüren, wie Sie immer mehr und mehr in einen tiefen angenehmen, tiefen und ruhigen Schlaf sinken. In einen Schlaf sinken, in dem Sie fähig sein werden, die verschiedenartigsten Dinge zu tun, um die ich Sie bitte. Eins, Sie werden gleich tief einschlafen.

Zwei, Sie versinken in einen tiefen angenehmen, tiefen und wohltuenden Schlaf.

Drei, vier, tiefer und tiefer eingeschlafen.

Fünf, sechs, sieben. Sie versinken, versinken in einen tiefen, tiefen Schlaf. Geräusche treten mehr und mehr in den Hintergrund. Achten sie nur auf meine Stimme, auf solche Dinge, die ich Ihnen nenne. Ich möchte, dass Sie nur auf meine Stimme achten, und auf das, was ich Ihnen sage.

Acht, neun, zehn, elf, zwölf. Tiefer und tiefer, immer tiefer eingeschlafen.

Dreizehn, vierzehn, fünfzehn. Obwohl Sie tief eingeschlafen sind, hören Sie meine Stimme ganz deutlich. Sie werden meine Stimme immer hören, gleichgültig, wie tief Sie eingeschlafen sind.

Sechzehn, siebzehn, achtzehn. Tief eingeschlafen, ganz tief eingeschlafen. Nichts wird Sie mehr stören. Sie werden nun viele Dinge erleben, die ich Sie erleben lasse.

Neunzehn, zwanzig. Ganz tief eingeschlafen. Sie werden nicht eher erwachen als ich es Ihnen sage. Sie werden schlafen wollen und Sie werden die Erlebnisse haben, die ich Ihnen gleich beschreiben werde.

Sie sind jetzt so sehr entspannt und müde, Sie können mit Leichtigkeit auf meine Stimme hören. Deshalb werde ich Ihnen nun helfen etwas mehr darüber zu erfahren, wie Ihre Gedanken in diesem Zustand Ihre Handlungen beeinflussen. Nicht alle Menschen empfinden diesen Zustand gleich, es kann sein, dass Sie die Erlebnisse, die ich Ihnen beschreiben werde, nicht haben werden. Das macht aber nichts. Sie werden aber wenigstens einige dieser Erlebnisse haben und Sie werden sie sehr interessant finden. Sie erfahren eben das, was Sie können. Achten sie gut darauf, was ich Ihnen sage, beobachten Sie, was geschieht. Lassen Sie es ruhig geschehen, was sich ereignen wird, auch wenn es nicht das ist, was Sie erwartet haben.

Nun strecken sie bitte den linken Arm geradeaus. Und halten sie Ihre Handfläche dabei nach unten. Richten Sie nun bitte Ihre Aufmerksamkeit ganz auf diese Hand. Ich möchte, dass Sie besonders darauf achten, was Sie an der Hand empfinden und was mit ihr geschieht. Jetzt, wo Sie Ihre Aufmerksamkeit auf diese Hand lenken, nehmen Sie sie viel besser wahr als jemals zuvor. Sie spüren, ob sie kalt oder warm ist, ob sie vielleicht etwas prickelt, ob die Finger dazu neigen immer ein wenig zu zucken. Das ist alles in Ordnung.

Richten Sie Ihre ganze Aufmerksamkeit auf diese Hand, denn gleich wird etwas sehr Interessantes damit geschehen. Sie beginnt schwerer zu werden. Immer schwerer und schwerer, so als ob ein Gewicht die Hand, den ganzen Arm nach unten zieht. Sie können sich vorstellen, wie ein Gewicht daran hängt und zieht.

Während sie nun immer schwerer wird, fängt sie sich an zu bewegen, als ob etwas sie nach unten ziehen würde. Ein bisschen tiefer, immer ein bisschen tiefer, tiefer, und während ich zähle wird sie schwerer und schwerer und sinkt immer tiefer.

Eins, tiefer. Zwei, tiefer. Drei, tiefer. Vier, tiefer, immer tiefer.

Fünf, immer tiefer sinken lassen.

Sechs, immer tiefer sinken lassen.

Sieben, immer schwerer und schwerer und tiefer und tiefer.

Neun, immer tiefer, schwerer und schwerer. Und immer weiter, einfach sinken lassen. Zehn, schwerer, schwerer, und die Hand ganz nach unten sinken lassen. Einfach dem Zug nachgeben, sie wieder auf die Lehne sinken lassen. Der Arm ist nun zurückgekommen in seine Ausgangslage auf der Sessellehne und Sie entspannen sich wieder.

Sie müssen gespürt haben, wie schwer und wie müde sich ihre Hand und Ihr Arm angefühlt haben. Viel mehr als sonst, wenn sie Ihren Arm für kurze Zeit so ausstrecken würden. Sie haben auch bestimmt gespürt, wie irgend etwas Ihre Hand nach unten zu ziehen schien. Jetzt entspannen Sie sich wieder. Ihre Hand und Ihr Arm sind wieder völlig locker. Ganz gelöst, völlig locker und gelöst.

Ganz locker und leicht. Sie sind völlig entspannt. Das allgemeine Gefühl der Schwere, das Sie gelegentlich empfunden haben, hat jetzt Ihren ganzen Körper erfasst.

Richten Sie nun wieder Ihre ganze Aufmerksamkeit auf Ihren rechten Arm und Ihre rechte Hand. Ihr rechter Arm und Ihre rechte Hand sind beide schwer. Dieses Gefühl der Schwere nimmt immer mehr zu, noch während sie über die Schwere in Ihrer Hand und Ihrem Arm nachdenken. Ihr rechter Arm wird nun schwer, – bewegungslos schwer. Und auch Ihre rechte Hand wird bewegungslos schwer, – schwer wie mit Blei ausgegossen.

Vielleicht möchten Sie gleich sehen, wie schwer Ihre Hand geworden ist. Sie scheint viel zu schwer zu sein, um sie noch hochheben zu können. Wahrscheinlich können Sie sie nicht anheben, weil sie so schwer ist, bewegungslos schwer. Prüfen Sie, wie schwer sie ist, versuchen Sie Ihre Hand hoch zu heben, – Sie versuchen es nur.

Sie entspannen sich wieder. Ihre rechte Hand und Ihr rechter Arm sind nun nicht mehr schwer und fühlen sich völlig normal an. Sie können sie nun heben, wenn sie wollten, aber Sie versuchen es nun nicht mehr. Sie entspannen sich völlig. Entspannen sich völlig.

Nun möchte ich, dass Sie Ihren linken Arm geradeaus strecken, machen Sie eine Faust, Arm geradeaus, eine festgeschlossene Faust machen. Richten Sie Ihre ganze Aufmerksamkeit auf diesen Arm und stellen Sie Sich vor, dass er steif wird. Steif, immer steifer, ganz steif. Sie bemerken nun, dass mit Ihrem Arm etwas geschieht, spüren deutlich wie Ihr Arm steif wird. Er wird steifer, immer steifer, wie eine Stange aus Eisen, wie eine Stange aus Eisen. Und Sie wissen wie schwer, wie unmöglich es ist, eine eiserne Stange, wie Ihr linker Arm jetzt ist, zu biegen. Prüfen Sie, wie unbiegsam und steif er ist. Versuchen Sie ihn zu beugen, versuchen Sie ihn zu beugen. Aber er bleibt steif und starr in der Luft – starr und steif in der Luft!

Entspannen Sie Sich jetzt wieder, beenden Sie den Versuch, den Arm zu beugen, er ist nun wieder ganz locker. Legen Sie ihn auf die Sessellehne zurück und entspannen Sie wieder. Entspannen sie erst den Arm, die Hand und den ganzen Körper. Den ganzen Körper wieder entspannen. Bleiben sie völlig entspannt und achten Sie genau auf das, was ich Ihnen jetzt als Nächstes sagen werde.

Ich werde gleich beginnen von zwanzig bis eins rückwärts zu zählen. Sie werden langsam erwachen, während ich zähle. Wenn ich bei der Zahl fünf angelangt bin, werden Sie Ihre Augen öffnen, aber Sie werden noch nicht völlig wach sein. Wenn ich bei der Zahl eins angelangt bin, werden Sie völlig wach sein, Sie werden sich dann in Ihrem normalen Wachzustand befinden. Wahrscheinlich werden Sie annehmen, dass sie geschlafen haben und Sie werden Sich an all die Dinge erinnern, die Ihnen gesagt habe, die Sie getan oder gefühlt haben.

Ich fange gleich an, von zwanzig ab rückwärts zu zählen, und bei fünf, aber nicht früher, werden Sie Ihre Augen öffnen und erst bei eins vollkommen wach, bei eins werden Sie vollkommen ausgeruht und wach sein.

Ich zähle jetzt: zwanzig, neunzehn, achtzehn, siebzehn, sechzehn, fünfzehn, vierzehn, dreizehn, zwölf, immer wacher, elf, zehn, neun, acht, sieben, immer wacher, sechs, fünf, die Augen auf, vier, drei, zwei, eins, fühlen Sie sich jetzt vollkommen ausgeruht und wach.

Anhang 2

SHSS-Kurzform Fragebogen (Jacobs & Dreisörner, 1997)

Frage zu den fünf Items: „Wie beurteilen Sie auf einer 5-stufigen Skala den jeweils erreichten Zustand?"

Item 1: *Lidschluss*: „Waren Ihre Augenlider geschlossen?"

1 = Die Augenlider waren nicht geschlossen
3 = Die Augenlider konnten nur mit Mühe
    geöffnet gehalten werden
5 = Die Augenlider waren geschlossen

Beurteilung des Therapeuten: ☐ ☐ ☐ ☐ ☐
                      1 2 3 4 5
Beurteilung des Patienten: ☐ ☐ ☐ ☐ ☐

Item 2: *Augenkatalepsie*: „Haben Sie Ihre Augen geöffnet, als Sie dazu aufgefordert wurden?"

1 = Ich habe die Augen geöffnet
3 = Nur mit Mühe konnte ich die Augen öffnen
5 = Ich konnte die Augen nicht öffnen

Beurteilung des Therapeuten: ☐ ☐ ☐ ☐ ☐
                      1 2 3 4 5
Beurteilung des Patienten: ☐ ☐ ☐ ☐ ☐

Item 3: *Senken des linken Armes*: „Haben Sie Ihren linken Arm gesenkt?"

1 = Ich konnte mühelos den linken Arm heben
3 = Nur mit starker Anstrengung konnte ich
    dem Absinken des Armes entgegenwirken
5 = Ich musste dem Schwerwerden des Armes
    nachgeben und haben den Arm gesenkt

Beurteilung des Therapeuten: ☐ ☐ ☐ ☐ ☐
                      1 2 3 4 5
Beurteilung des Patienten: ☐ ☐ ☐ ☐ ☐

Item 4: *Unbeweglichkeit des rechten Armes bzw. der rechten Hand*: „Haben Sie ihren rechten Arm/Hand angehoben als Sie dazu aufgefordert wurden?"

1 = Ich habe mühelos den rechten Arm und
    die rechte Hand angehoben
3 = Beim Anheben des Armes bzw. der Hand
    musste ich einen Widerstand überwinden
5 = Ich habe den rechten Arm und
    die rechte Hand nicht angehoben

Beurteilung des Therapeuten: ☐ ☐ ☐ ☐ ☐
                      1 2 3 4 5
Beurteilung des Patienten: ☐ ☐ ☐ ☐ ☐

Item 5: *Steifheit des linken Armes*: „Konnten Sie Ihren linken Arm nicht beugen?"

1 = Ich habe den Arm gebeugt
3 = Beim Versuch, den linken Arm zu beugen,
    musste ich einen Widerstand überwinden
5 = Ich konnte den Arm nicht beugen

Beurteilung des Therapeuten: ☐ ☐ ☐ ☐ ☐
                      1 2 3 4 5
Beurteilung des Patienten: ☐ ☐ ☐ ☐ ☐

Beobachtungen:

Gesamtergebnis (mind. 36 Punkte):

Anmerkung: Patienten sind für das Therapieprogramm geeignet, wenn sie **mindestens 3 Items auf Stufe 4/5 und 2 Items mit mindestens Stufe 3** erreichen. Den **Cut-Off-Wert** errechnen Sie einfach, indem Sie die Beurteilungen des Therapeuten und Klienten über alle 5 Items aufaddieren.
Erreicht Ihr Patient **mindestens 36 Punkte**, so kann er an dem Programm teilnehmen.

Schmerztagebuch

Name: Woche vom: bis: Code- Nr.:

Montag	Dienstag	Mittwoch	Donnerstag	Freitag	Samstag	Sonntag

1. Hatten Sie heute Schmerzen? (Zutreffendes bitte durchkreuzen)

Ja	Nein	Ja	Nein	Ja	Nein	Ja	Nein	Ja	Nein	Ja	Nein	Ja	Nein

2. Schätzen Sie die Stärke Ihrer Schmerzen ein (10 = unerträglich; 0 = gar keine Schmerzen)

na = nachts (0.00 – 6.00 Uhr); v = vormittags (6.00 – 12.00 Uhr); n = nachmittags (12.00 – 18.00 Uhr); a = abends (18.00 – 0.00 Uhr)
(Zutreffendes bitte durchkreuzen)

na	v	n	a	na	v	n	a	na	v	n	a	na	v	n	a	na	v	n	a	na	v	n	a	na	v	n	a
0	0	0	0	0	0	0	0	0	0	0	0	0	0	0	0	0	0	0	0	0	0	0	0	0	0	0	0
1	1	1	1	1	1	1	1	1	1	1	1	1	1	1	1	1	1	1	1	1	1	1	1	1	1	1	1
2	2	2	2	2	2	2	2	2	2	2	2	2	2	2	2	2	2	2	2	2	2	2	2	2	2	2	2
3	3	3	3	3	3	3	3	3	3	3	3	3	3	3	3	3	3	3	3	3	3	3	3	3	3	3	3
4	4	4	4	4	4	4	4	4	4	4	4	4	4	4	4	4	4	4	4	4	4	4	4	4	4	4	4
5	5	5	5	5	5	5	5	5	5	5	5	5	5	5	5	5	5	5	5	5	5	5	5	5	5	5	5
6	6	6	6	6	6	6	6	6	6	6	6	6	6	6	6	6	6	6	6	6	6	6	6	6	6	6	6
7	7	7	7	7	7	7	7	7	7	7	7	7	7	7	7	7	7	7	7	7	7	7	7	7	7	7	7
8	8	8	8	8	8	8	8	8	8	8	8	8	8	8	8	8	8	8	8	8	8	8	8	8	8	8	8
9	9	9	9	9	9	9	9	9	9	9	9	9	9	9	9	9	9	9	9	9	9	9	9	9	9	9	9
10	10	10	10	10	10	10	10	10	10	10	10	10	10	10	10	10	10	10	10	10	10	10	10	10	10	10	10

3. Beginn (Uhrzeit) **und Dauer der Schmerzen** (in Stunden oder Minuten):

4. Wie stark beeinträchtigen die Schmerzen heute Ihre allgemeinen Aktivitäten?
(Tragen Sie bitte eine Zahl ein zwischen: 10 = sehr stark … bis … 0 = gar nicht)

na	v	n	a	na	v	n	a	na	v	n	a	na	v	n	a	na	v	n	a	na	v	n	a	na	v	n	a

5. Wie gut ging es Ihnen im Verlauf des Tages, wie war Ihre Stimmung?
(Tragen Sie bitte eine Zahl ein zwischen: 10 = sehr gut … bis … 0 = sehr schlecht)

na	v	n	a	na	v	n	a	na	v	n	a	na	v	n	a	na	v	n	a	na	v	n	a	na	v	n	a

6. Name und Anzahl der heute eingenommenen Schmerzmedikamente (Tragen Sie bitte hinter den Buchstaben die Medikamente ein und in die Tagestabelle unten den zutreffenden Buchstaben)

A = _____   B = _____
    _____   _____

C = _____   D = _____

na	v	n	a	na	v	n	a	na	v	n	a	na	v	n	A	na	v	n	a	na	v	n	a	na	v	n	a

7. Waren Sie heute besonderen Belastungen ausgesetzt?
(10 = sehr stark belastet … bis … 0 = gar nicht belastet):

8. Welchen körperlichen/psychischen Belastungen waren Sie heute ausgesetzt? (bitte kurz schildern):

9. Welche Bewältigungsmaßnahmen/Übungen haben Sie durchgeführt? (Tragen Sie bitte hinter den Buchstaben die Schmerzenstärke vor – während – nach der Anwendung ein)

A =   Autohypnose   B = _____

Übung	Schmerz V-W-N	Übung	Schmerz V-W-N	Übung	Schmerz V-W-N	Übung	Schmerz V-W-N	Übung	Schmerz V-W-N	Übung	Schmerz V-W-N	Übung	Schmerz V-W-N
A		A		A		A		A		A		A	

Anhang 4

Patientenbogen I

Sehr geehrte Patientin, sehr geehrter Patient,

Vielleicht kennen Sie die Art Fragen, die sich mit ihren chronischen Schmerzen beschäftigen. Bitte beantworten Sie die Fragen unter dem Blickwinkel, wie es Ihnen jetzt, also vor Beginn der Hypnosetherapie geht.

Bitte füllen Sie den Fragebogen selbstständig aus. Alle Daten dieses Fragebogens unterliegen selbstverständlich der Schweigepflicht. Ich bedanke mich schon einmal im Voraus für Ihre Mithilfe und hoffe, dass das Ausfüllen Ihnen nicht allzu viel Mühe macht.

1. Wie häufig treten Ihre Schmerzen jetzt gewöhnlich auf? (Bitte nur eine Angabe machen)

Ich bin überwiegend schmerzfrei ☐

Wenige Male pro Jahr ☐

Wenige Male pro Monat ☐

Mehrmals pro Woche ☐

Einmal täglich ☐

Mehrmals täglich ☐

Meine Schmerzen sind andauernd vorhanden ☐

2. Kreuzen Sie bitte an, wie stark Sie ihre Schmerzen jetzt empfinden.

a) Durchschnittliche Schmerzstärke
während der letzten 4 Wochen:

☐ ☐ ☐ ☐ ☐ ☐ ☐ ☐ ☐ ☐ ☐
0 1 2 3 4 5 6 7 8 9 10

keine
Schmerzen

stärkster
vorstellbarer
Schmerz

b) Größte Schmerzstärke
während der letzten 4 Wochen:

☐ ☐ ☐ ☐ ☐ ☐ ☐ ☐ ☐ ☐ ☐
0 1 2 3 4 5 6 7 8 9 10

keine
Schmerzen

stärkster
vorstellbarer
Schmerz

c) Momentane Schmerzstärke
(beim Ausfüllen des Fragebogens):

☐ ☐ ☐ ☐ ☐ ☐ ☐ ☐ ☐ ☐ ☐
0 1 2 3 4 5 6 7 8 9 10

keine
Schmerzen

stärkster
vorstellbarer
Schmerz

3. Wie beurteilen Sie momentan Ihr körperliches Befinden?

☐ ☐ ☐ ☐ ☐
0   1   2   3   4
sehr gut   sehr
schlecht

4. Wie beurteilen Sie momentan Ihr seelisches Befinden?

☐ ☐ ☐ ☐ ☐
0   1   2   3   4
sehr gut   sehr
schlecht

5. Wie beurteilen Sie zurzeit Ihre Belastbarkeit bei alltäglichen körperlichen Anforderungen (z. B. Treppensteigen, Gehen, Stehen, Bücken, Sitzen)?

☐ ☐ ☐ ☐ ☐ ☐ ☐ ☐ ☐ ☐ ☐
0 1 2 3 4 5 6 7 8 9 10
gut   sehr schlecht,
völlige
Beeinträchtigung

6. Kreuzen Sie bitte an, was Ihrem Befinden während der letzten Woche am besten entsprochen hat.

	selten (weniger als 1 Tag/ gar nicht)	manchmal (1–2 Tage)	öfters (3–4 Tage)	meistens (5–7 Tage)
Während der letzten Woche …				
1. … haben mich Dinge beunruhigt, die mir sonst nichts ausmachen	☐	☐	☐	☐
2. … hatte ich kaum Appetit	☐	☐	☐	☐
3. … konnte ich meine trübsinnige Laune nicht loswerden, obwohl mich meine Freunde/Familie versuchten aufzumuntern	☐	☐	☐	☐
4. … kam ich mir genauso gut vor wie andere	☐	☐	☐	☐
5. … hatte ich Mühe, mich zu konzentrieren	☐	☐	☐	☐
6. … war ich deprimiert/niedergeschlagen	☐	☐	☐	☐
7. … war alles anstrengend für mich	☐	☐	☐	☐
8. … dachte ich voller Hoffnung an die Zukunft	☐	☐	☐	☐
9. … dachte ich, mein Leben ist ein einziger Fehlschlag	☐	☐	☐	☐
10. … hatte ich Angst	☐	☐	☐	☐
11. … habe ich schlecht geschlafen	☐	☐	☐	☐
12. … war ich fröhlich gestimmt	☐	☐	☐	☐
13. … habe ich weniger geredet als sonst	☐	☐	☐	☐
14. … fühlte ich mich einsam	☐	☐	☐	☐
15. … waren die Leute unfreundlich zu mir	☐	☐	☐	☐

	selten (weniger als 1 Tag/ gar nicht)	manchmal (1–2 Tage)	öfters (3–4 Tage)	meistens (5–7 Tage)

Während der letzten Woche …

16. … habe ich das Leben genossen ☐ ☐ ☐ ☐

17. … musste ich weinen ☐ ☐ ☐ ☐

18. … war ich traurig ☐ ☐ ☐ ☐

19. … hatte ich das Gefühl, dass die Leute mich nicht leiden können ☐ ☐ ☐ ☐

20. … konnte ich mich zu nichts aufraffen ☐ ☐ ☐ ☐

7. Bitte kreuzen Sie an, wie stark Sie durch Ihre Schmerzen in den verschiedenen Bereichen Ihres Lebens eingeschränkt sind.

a) Familiäre und häusliche Verpflichtungen (z. B. Haus- und Gartenarbeit)

☐ ☐ ☐ ☐ ☐ ☐ ☐ ☐ ☐ ☐ ☐
0 1 2 3 4 5 6 7 8 9 10
keine Beeinträchtigung — völlige Beeinträchtigung

b) Erholung (z. B. Hobbys, Sport und Freizeitaktivitäten)

☐ ☐ ☐ ☐ ☐ ☐ ☐ ☐ ☐ ☐ ☐
0 1 2 3 4 5 6 7 8 9 10
keine Beeinträchtigung — völlige Beeinträchtigung

c) Soziale Aktivitäten (z. B. Zusammensein mit Freunden, Feste, Theaterbesuche und Essengehen)

☐ ☐ ☐ ☐ ☐ ☐ ☐ ☐ ☐ ☐ ☐
0 1 2 3 4 5 6 7 8 9 10
keine Beeinträchtigung — völlige Beeinträchtigung

d) Beruf (z. B. Hausarbeit oder Tätigkeiten, die mit Beruf in Verbindung stehen)

☐ ☐ ☐ ☐ ☐ ☐ ☐ ☐ ☐ ☐ ☐
0 1 2 3 4 5 6 7 8 9 10
keine Beeinträchtigung — völlige Beeinträchtigung

e) Sexualleben (z. B. Häufigkeit und Qualität des Sexuallebens)

☐ ☐ ☐ ☐ ☐ ☐ ☐ ☐ ☐ ☐ ☐
0 1 2 3 4 5 6 7 8 9 10
keine Beeinträchtigung — völlige Beeinträchtigung

f) Selbstversorgung (z. B. waschen, anziehen oder Autofahren, ohne dabei auf fremde Hilfe angewiesen zu sein)

☐ ☐ ☐ ☐ ☐ ☐ ☐ ☐ ☐ ☐ ☐
0 1 2 3 4 5 6 7 8 9 10
keine Beeinträchtigung — völlige Beeinträchtigung

g) Lebensnotwendige Tätigkeiten (z. B. Essen, Schlafen und Atmen)

☐ ☐ ☐ ☐ ☐ ☐ ☐ ☐ ☐ ☐ ☐
0 1 2 3 4 5 6 7 8 9 10
keine Beeinträchtigung — völlige Beeinträchtigung

8. Kreuzen Sie bitte an, wie stark ihre Beschwerden jetzt Therapie sind.

Ich leide unter folgenden Beschwerden:	stark	mäßig	kaum	gar nicht
1. Kloßgefühl, Enge oder Würgen im Hals	☐	☐	☐	☐
2. Kurzatmigkeit	☐	☐	☐	☐
3. Schwächegefühl	☐	☐	☐	☐
4. Schluckbeschwerden	☐	☐	☐	☐
5. Stiche, Schmerzen, Ziehen in der Brust	☐	☐	☐	☐
6. Druck oder Völlegefühl im Leib	☐	☐	☐	☐
7. Mattigkeit	☐	☐	☐	☐
8. Übelkeit	☐	☐	☐	☐
9. Sodbrennen oder saures Aufstoßen	☐	☐	☐	☐
10. Reizbarkeit	☐	☐	☐	☐
11. Grübelei	☐	☐	☐	☐
12. starkes Schwitzen	☐	☐	☐	☐
13. Kreuz- oder Rückenschmerzen	☐	☐	☐	☐
14. innere Unruhe	☐	☐	☐	☐
15. Schweregefühl, Müdigkeit in den Beinen	☐	☐	☐	☐
16. Unruhe in den Beinen	☐	☐	☐	☐
17. Überempfindlichkeit gegen Wärme	☐	☐	☐	☐
18. Überempfindlichkeit gegen Kälte	☐	☐	☐	☐
19. übermäßige Schlafbedürfnis	☐	☐	☐	☐
20. Schlaflosigkeit	☐	☐	☐	☐
21. Schwindelgefühl	☐	☐	☐	☐
22. Zittern	☐	☐	☐	☐
23. Nacken- oder Schulterschmerzen	☐	☐	☐	☐
24. Gewichtsabnahme	☐	☐	☐	☐

Anhang 5

Patientenbogen II

Sehr geehrte Patientin, sehr geehrter Patient,

Wahrscheinlich erinnern Sie sich noch an diesen Fragebogen, der sich mit Ihren chronischen Schmerzen beschäftigt. Sie haben ihn zu Beginn Ihrer Therapie bereits ausgefüllt.

Beantworten Sie die Fragen nun unter dem Blickwinkel, wie es Ihnen jetzt am Ende der Therapie geht.

Bitte füllen Sie den Fragebogen wieder selbstständig aus. Alle Daten dieses Fragebogens unterliegen selbstverständlich der Schweigepflicht. Ich bedanke mich schon einmal im Voraus für Ihre erneute Mithilfe.

1. Wie häufig treten Ihre Schmerzen jetzt am Ende der Therapie gewöhnlich auf?
   (Bitte nur eine Angabe machen)

Ich bin überwiegend schmerzfrei ☐

Wenige Male pro Jahr ☐

Wenige Male pro Monat ☐

Mehrmals pro Woche ☐

Einmal täglich ☐

Mehrmals täglich ☐

Meine Schmerzen sind andauernd vorhanden ☐

2. Wie beurteilen Sie jetzt die Stärke Ihrer Schmerzen?

☐	☐	☐	☐
0	1	2	3
keine Schmerzen mehr	schwächer	unverändert	stärker

3. Kreuzen Sie bitte an, wie stark Sie ihre Schmerzen jetzt empfinden.

a) Durchschnittliche Schmerzstärke
   während der letzten 4 Wochen:

☐ ☐ ☐ ☐ ☐ ☐ ☐ ☐ ☐ ☐ ☐
0 1 2 3 4 5 6 7 8 9 10

keine Schmerzen   stärkster vorstellbarer Schmerz

b) Größte Schmerzstärke
   während der letzten 4 Wochen:

☐ ☐ ☐ ☐ ☐ ☐ ☐ ☐ ☐ ☐ ☐
0 1 2 3 4 5 6 7 8 9 10

keine Schmerzen   stärkster vorstellbarer Schmerz

c) Momentane Schmerzstärke
   (beim Ausfüllen des Fragebogens):

☐ ☐ ☐ ☐ ☐ ☐ ☐ ☐ ☐ ☐ ☐
0 1 2 3 4 5 6 7 8 9 10

keine   stärkster
Schmerzen   vorstellbarer
                                           Schmerz

4. Wie beurteilen Sie jetzt am Ende der Therapie die Erträglichkeit Ihrer Schmerzen?

☐   ☐   ☐   ☐
0   1   2   3

keine   schlechter
Schmerzen   besser   unverändert   als
mehr   vorher

5. Wie beurteilen Sie jetzt Ihr körperliches Befinden?

☐   ☐   ☐   ☐   ☐
0   1   2   3   4

deutlich   deutlich
gebessert   unverändert   verschlechtert

6. Wie beurteilen Sie jetzt Ihr seelisches Befinden?

☐   ☐   ☐   ☐   ☐
0   1   2   3   4

deutlich   deutlich
gebessert   unverändert   verschlechtert

7. Wie beurteilen Sie Ihre Belastbarkeit bei alltäglichen körperlichen Anforderungen (z. B. Treppensteigen, Gehen, Stehen, Bücken, Sitzen)?

☐ ☐ ☐ ☐ ☐ ☐ ☐ ☐ ☐ ☐ ☐
0 1 2 3 4 5 6 7 8 9 10

                                    sehr schlecht,
gut   völlige
                                    Beeinträchtigung

8. Wenn Sie alles zusammen betrachten, wie beurteilen Sie den Behandlungserfolg?

☐   ☐   ☐   ☐   ☐
0   1   2   3   4

sehr gut   gut   zufrieden-   weniger gut   schlecht
                   stellend

9. Kreuzen Sie bitte an, wie stark ihre Beschwerden jetzt am Ende der Therapie sind.

Ich leide unter folgenden Beschwerden:	stark	mäßig	kaum	gar nicht
1. Kloßgefühl, Enge oder Würgen im Hals	☐	☐	☐	☐
2. Kurzatmigkeit	☐	☐	☐	☐
3. Schwächegefühl	☐	☐	☐	☐
4. Schluckbeschwerden	☐	☐	☐	☐
5. Stiche, Schmerzen, Ziehen in der Brust	☐	☐	☐	☐
6. Druck oder Völlegefühl im Leib	☐	☐	☐	☐
7. Mattigkeit	☐	☐	☐	☐
8. Übelkeit	☐	☐	☐	☐
9. Sodbrennen oder saures Aufstoßen	☐	☐	☐	☐
10. Reizbarkeit	☐	☐	☐	☐
11. Grübelei	☐	☐	☐	☐
12. starkes Schwitzen	☐	☐	☐	☐
13. Kreuz- oder Rückenschmerzen	☐	☐	☐	☐
14. innere Unruhe	☐	☐	☐	☐
15. Schweregefühl, Müdigkeit in den Beinen	☐	☐	☐	☐
16. Unruhe in den Beinen	☐	☐	☐	☐
17. Überempfindlichkeit gegen Wärme	☐	☐	☐	☐
18. Überempfindlichkeit gegen Kälte	☐	☐	☐	☐
19. übermäßige Schlafbedürfnis	☐	☐	☐	☐
20. Schlaflosigkeit	☐	☐	☐	☐
21. Schwindelgefühl	☐	☐	☐	☐
22. Zittern	☐	☐	☐	☐
23. Nacken- oder Schulterschmerzen	☐	☐	☐	☐
24. Gewichtsabnahme	☐	☐	☐	☐

10. Kreuzen Sie bitte an, was Ihrem Befinden während der letzten Woche am besten entsprochen hat.

	selten	manchmal	öfters	meistens
	(weniger als 1 Tag/ gar nicht)	(1–2 Tage)	(3–4 Tage)	(5–7 Tage)

Während der letzten Woche …

	selten	manchmal	öfters	meistens
21. … haben mich Dinge beunruhigt, die mir sonst nichts ausmachen	☐	☐	☐	☐
22. … hatte ich kaum Appetit	☐	☐	☐	☐
23. … konnte ich meine trübsinnige Laune nicht loswerden, obwohl mich meine Freunde/Familie versuchten aufzumuntern	☐	☐	☐	☐
24. … kam ich mir genauso gut vor wie andere	☐	☐	☐	☐
25. … hatte ich Mühe, mich zu konzentrieren	☐	☐	☐	☐
26. … war ich deprimiert/niedergeschlagen	☐	☐	☐	☐
27. … war alles anstrengend für mich	☐	☐	☐	☐
28. … dachte ich voller Hoffnung an die Zukunft	☐	☐	☐	☐
29. … dachte ich, mein Leben ist ein einziger Fehlschlag	☐	☐	☐	☐
30. … hatte ich Angst	☐	☐	☐	☐
31. … habe ich schlecht geschlafen	☐	☐	☐	☐
32. … war ich fröhlich gestimmt	☐	☐	☐	☐
33. … habe ich weniger geredet als sonst	☐	☐	☐	☐
34. … fühlte ich mich einsam	☐	☐	☐	☐
35. … waren die Leute unfreundlich zu mir	☐	☐	☐	☐
36. … habe ich das Leben genossen	☐	☐	☐	☐
37. … musste ich weinen	☐	☐	☐	☐
38. … war ich traurig	☐	☐	☐	☐
39. … hatte ich das Gefühl, dass die Leute mich nicht leiden können	☐	☐	☐	☐
40. … konnte ich mich zu nichts aufraffen	☐	☐	☐	☐

11. Bitte kreuzen Sie an, wie stark Sie durch Ihre Schmerzen jetzt nach der Therapie in den verschiedenen Bereichen Ihres Lebens eingeschränkt sind.

a) Familiäre und häusliche Verpflichtungen
   (z. B. Haus- und Gartenarbeit)

   0 1 2 3 4 5 6 7 8 9 10
   keine   völlige
   Beeinträchtigung   Beeinträchtigung

b) Erholung (z. B. Hobbys, Sport und
   Freizeitaktivitäten)

   0 1 2 3 4 5 6 7 8 9 10
   keine   völlige
   Beeinträchtigung   Beeinträchtigung

c) Soziale Aktivitäten (z. B. Zusammensein
   mit Freunden, Feste, Theaterbesuche und
   Essengehen)

   0 1 2 3 4 5 6 7 8 9 10
   keine   völlige
   Beeinträchtigung   Beeinträchtigung

d) Beruf (z. B. Hausarbeit oder Tätigkeiten,
   die mit Beruf in Verbindung stehen)

   0 1 2 3 4 5 6 7 8 9 10
   keine   völlige
   Beeinträchtigung   Beeinträchtigung

e) Sexualleben (z. B. Häufigkeit und
   Qualität des Sexuallebens)

   0 1 2 3 4 5 6 7 8 9 10
   keine   völlige
   Beeinträchtigung   Beeinträchtigung

f) Selbstversorgung (z. B. waschen,
   anziehen oder Autofahren, ohne dabei
   auf fremde Hilfe angewiesen zu sein)

   0 1 2 3 4 5 6 7 8 9 10
   keine   völlige
   Beeinträchtigung   Beeinträchtigung

g) Lebensnotwendige Tätigkeiten
   (z. B. Essen, Schlafen und Atmen)

   0 1 2 3 4 5 6 7 8 9 10
   keine   völlige
   Beeinträchtigung   Beeinträchtigung

Anhang 6

Dissoziationsinstruktion[9]

Können Sie gut den Punkt an der Decke sehen?

Ja, also diesen Punkt meine ich, wenn ich gleich von Punkt spreche, den Punkt an der Decke sollen Sie fixieren.

Setzen Sie sich ganz bequem hin, legen Sie die Hände auf die Armlehnen und schauen Sie auf den Punkt an der Decke.

Ich werde Ihnen jetzt einige Anweisungen geben, die Ihnen hilfreich sein sollen, sich zu entspannen und ganz allmählich in einen hypnotischen Zustand zu kommen. Entspannen Sie sich völlig, machen Sie es sich ganz bequem.

Schauen Sie nun nach oben und fixieren Sie den Punkt an der Decke. Legen Sie den Kopf weit genug zurück, so dass Sie den Punkt ohne große Mühe ansehen können. Ich bitte Sie, diesen Punkt ständig anzublicken.

Entspannen Sie sich völlig. Fixieren Sie den Punkt, schauen sie ihn ununterbrochen an. Falls Ihre Augen einmal abschweifen, ist das auch in Ordnung. Richten Sie sie wieder auf den Punkt. Nach einiger Zeit sehen Sie den Punkt vielleicht verschwommen, möglicherweise fängt er auch an sich zu bewegen, mal wird er scharf, mal unscharf, oder er verändert seine Farbe. Das ist ganz natürlich. Wenn Sie schläfrig werden, ist das auch gut.

Was immer auch geschieht, lassen Sie es geschehen, fixieren Sie weiterhin den Punkt. Ihre Augen werden bald anfangen zu brennen und so müde werden, Ihre Augenlider so schwer, dass Sie das Bedürfnis haben, die Augen zu schließen. Sie werden sie dann schließen, ganz von selbst schließen. Wenn das geschieht, wehren Sie sich nicht dagegen, lassen Sie es geschehen. Einfach die Augen schließen und sich völlig entspannen.

Entspannen Sie jeden Muskel Ihres Körpers. Entspannen Sie die Muskeln Ihrer Beine, entspannen Sie die Muskeln Ihrer Füße, entspannen Sie die Muskeln der Arme, die Muskeln der Hände, der Finger, entspannen Sie die Muskeln Ihres Nackens, der Schultern, des Brustkorbs, – alle Muskeln Ihres Körpers. Seien Sie völlig gelöst, völlig gelöst. Entspannen Sie sich mehr und mehr, immer mehr. Entspannen Sie sich vollkommen, ganz entspannen, ganz entspannen.

Während Sie sich mehr und mehr entspannen, wird Sie vielleicht ein Gefühl der Schwere überkommen. Sie fühlen, dass die Arme und Beine schwer werden. – Hände und Füße werden schwer. – Ihr ganzer Körper wird schwer. – Ihre Beine sind entspannt und schwer, entspannt und schwer. – Ihre Arme sind schwer, angenehm schwer. – Ihr ganzer Körper wird schwer, schwerer, immer schwerer. Sie fühlen sich schläfrig, müde und schläfrig.

Ihr Atem wird langsam und regelmäßig, langsam und regelmäßig. Sie werden müde und schläfrig, immer müder und schläfriger, während Ihre Augenlider schwerer und schwerer werden, immer müder und schwerer.

Sie sind nun angenehm entspannt, aber Sie werden sich noch viel mehr entspannen, noch viel mehr. Ihre Augenlider sind jetzt geschlossen, Sie werden Ihre Augen geschlossen halten, bis ich es Ihnen sage, Sie sollen sie öffnen, oder Sie sollen erwachen …

Sie fühlen sich schläfrig und müde. Achten Sie nur auf meine Stimme. Richten Sie Ihre ganze Aufmerksamkeit nur auf meine Stimme. Denken Sie nur an das, was ich Ihnen sage. Andere Gedanken sind

---

9 Bitte fettgedruckten Dissoziationssuggestionen auf keinen Fall verändern!

Ihnen vollkommen gleichgültig. – Gedanken treiben weg wie Blätter auf einem Fluss. – Hören Sie nur zu. Sie werden noch viel schläfriger und müder. Sie werden gleich tief eingeschlafen sein. Aber Sie werden weiter meine Stimme hören.

Ich beginne jetzt zu zählen. Bei jeder Zahl werden Sie spüren, wie Sie immer mehr und mehr in einen tiefen, angenehmen, tiefen und ruhigen Schlaf sinken. In einen Schlaf sinken, in dem Sie fähig sein werden, die verschiedenartigsten Dinge zu erleben, um die ich Sie bitte.

Eins, Sie werden gleich tief einschlafen.

Zwei, Sie versinken in einen tiefen angenehmen, tiefen und wohltuenden Schlaf.

Drei, vier, tiefer und tiefer einschlafen.

Fünf, sechs, sieben. Sie versinken, versinken in einen tiefen, tiefen Schlaf. Geräusche treten mehr und mehr in den Hintergrund. Achten Sie nur auf meine Stimme, auf solche Dinge, die ich Ihnen nenne. Ich möchte, dass Sie nur auf meine Stimme achten und auf das, was ich Ihnen sage.

Acht, neun, zehn, elf, zwölf. Tiefer und tiefer, immer tiefer einschlafen.

Dreizehn, vierzehn, fünfzehn. Obwohl Sie tief eingeschlafen sind, hören Sie meine Stimme ganz deutlich. Sie werden meine Stimme immer hören, gleichgültig, wie tief Sie eingeschlafen sind.

Sechzehn, siebzehn, achtzehn. Tief eingeschlafen.

Neunzehn, zwanzig, ganz tief eingeschlafen. –

Sie werden schlafen wollen und Sie werden die Erlebnisse haben, die ich Ihnen gleich beschreiben werde.

Während Sie hier im bequemen Sessel liegen (sitzen), merken Sie, dass sich Ihr Geist ganz entfernt an einer ganz anderen Stelle befinden kann, weit weg an Ihrem Lieblingsstrand ..., an einem ruhigen Waldrand ..., auf einer ruhigen Bergwiese ...

Die Teile Ihres Körpers, die Ihnen Beschwerden bereiten, sind ganz weit weg. – Sie spüren Ihren Körper und sie spüren ihn nicht. Alles geht mehr und mehr automatisch, traumhaft sicher, die Atmung, der Pulsschlag, alles völlig automatisch.

Sie sind in ihrem Geist an einem ganz anderen Ort. Er ist bereits weit voraus. Er ist an diesem wunderschönen Ort, seinem Lieblingsort, er hört diesen Ort, er riecht diesen Ort, er spürt diesen Ort, er spürt diesen speziellen Platz, er ist an seinem Platz, an seinem Ort.

Es ist ein schöner sonniger Nachmittag im Frühsommer. Sie liegen an Ihrem Lieblingsstrand und ruhen sich aus und genießen die Sonne. (Bei Migräne ergänzen: unter einem Baum – Palme – im Schatten. Der Kopf ist angenehm kühl.)

Sie fühlen auf der Haut, wie die Sonne wärmer wird, die Wärme ist angenehm und entspannend. Sie sind ruhig und entspannt. Ihre Arme sind angenehm schwer und entspannt. **Alle anderen Gefühle sind Ihnen gleichgültig. Auch Geräusche oder andere Empfindungen, die der Körper, der noch hier ist, wahrnehmen kann, sind Ihnen an Ihrem Lieblingsstrand vollkommen gleichgültig, während Sie sich dort entspannen.**

Sie haben Urlaub, liegen dösig in der Sonne, ruhig und entspannt. Sie bleiben ganz in dieser Situation, genießen die Ruhe und sind völlig gelöst.

Sie liegen ganz ruhig und entspannt, sie atmen langsam und gleichmäßig ein und aus, ein und aus. mit jedem Atemzug werden sie ruhiger und entspannter. Mit jeden Ausatmen fließt alle unnötige Anspannung aus Ihrem Körper ab.

Sie spüren diesen Punkt im Körper, der sich relativ am wohlsten fühlt, und mit jedem Einatmen breitet sich dieser Punkt mehr und mehr aus. Mit jedem Ausatmen fließt jede unnötige Anspannung ab und mit jedem Einatmen, Schritt für Schritt breitet sich Wohlempfinden aus.

Sie spüren die angenehme Wärme der Sonnenstrahlen auf Ihrer Haut, Sie nehmen durch die geschlossenen Lider das weiche Licht der Sonne wahr. Sie liegen ganz ungestört an Ihrem Lieblingsstrand in der Sonne, es ist nicht zu heiß, ein leichter angenehmer Wind weht, es ist wohltuend hier zu sein. Sie fühlen sich wohler und wohler. Im Hintergrund rauscht beruhigend das Meer(ein leises angenehmes Rauschen geht durch die Blätter).

Sie sind ganz ruhig und entspannt und genießen den angenehmen Urlaubstag. Eine kleine Wolke nähert sich nun der Sonne, sie zieht langsam vor die Sonne und Sie bleiben ganz ruhig und entspannt. Die Wolke verdeckt die Sonne, sie spüren das Nachlassen der Wärme auf Ihrer Haut und den leichten Schatten. Sie bleiben ganz ruhig und entspannt liegen, weil die Sonne gleich wiederkommen wird. Sie atmen langsam und gleichmäßig ein und aus, ein und aus. Bei jedem Ausatmen fließt Anspannung ab, bei jedem Einatmen breitet sich Wohlempfinden aus. Die Wolke zieht langsam an der Sonne vorbei, und die Wärme der Sonnenstrahlen nimmt wieder zu, und der Schatten verschwindet langsam.

Die Sonnenstrahlen erwärmen Ihre Haut, die Wärme ist sehr angenehm. Sie empfinden die Wärme als wohltuend und fühlen sich wohler und wohler. Sie nehmen durch die geschlossenen Lider das Licht der Sonne wahr, der Schatten ist verschwunden. Sie liegen ganz ungestört an Ihrem Lieblingsstrand in der Sonne, es ist angenehm warm, nicht zu heiß, ein leichter angenehmer Wind weht und streichelt angenehm die Haut. Es ist sehr wohltuend hier zu sein. Das Wohlempfinden breitet sich mehr und mehr aus. Beruhigend rauscht das Meer (die Blätter).

Sie sind ruhig und entspannt, sie atmen langsam und gleichmäßig ein und aus, ein und aus. Sie genießen den angenehmen Urlaubstag an Ihrem Lieblingsstrand. Die Sonne wärmt angenehm Ihre Haut. Durch die geschlossenen Augenlider scheinen beruhigend die gelben Strahlen der Sonne. Ihre rechte Gesichtshälfte ist angenehm warm. Sie sind ganz entspannt und ruhig. Und Sie wenden das Gesicht ein wenig zur Sonne hin, der Schatten auf der anderen Gesichtshälfte verschwindet, sie wird warm, angenehm warm. Sie nehmen durch die geschlossenen Lider das Licht der Sonne wahr, sie spüren die Wärme der Sonnenstrahlen auf Ihrer Haut, sie ist warm, angenehm warm.

Sie sind ganz ruhig und entspannt und genießen die wohltuende Wärme. Sie verweilen in diesem angenehmen tief entspannten Zustand. **Die Teile Ihres Körpers, die Ihnen Beschwerden bereiten, sind ganz weit weg, ganz weit weg. Ihr Geist bleibt ganz in der Vorstellung, wie Sie an Ihrem Lieblingsstrand in dem (warmen) Sand liegen.** Es ist ein schöner sonniger Nachmittag im Frühsommer, sie haben Urlaub und liegen dösig in der Sonne, ruhig und entspannt.

Sie wenden nun langsam das Gesicht ganz in die Sonne und spüren die angenehme Wärme auf Ihrem ganzen Gesicht, auf dem ganzen Körper, auf den Armen und Beinen. Der ganze Körper fühlt sich angenehm wohl, warm und schwer an. Sie spüren Ihren Körper und sie spüren ihn nicht. Sie bleiben ruhig und entspannt liegen, sie atmen langsam und gleichmäßig ein und aus, ein und aus. Mit jedem Atemzug breitet sich Wohlempfinden aus und fließt Anspannung ab. Und Sie genießen noch eine Weile diese angenehme Ruhe, Schwere und wohlige Wärme. Sie bleiben noch einen Augenblick ruhig und entspannt liegen, bevor wir gleich die Entspannung beenden. Sie werden sich danach wohl fühlen, ruhig und entspannt.

Ich werde gleich beginnen, von zwanzig bis eins rückwärts zu zählen. Sie werden langsam erwachen, während ich zähle. Wenn ich bei der Zahl fünf angelangt bin, werden Sie Ihre Augen öffnen, aber Sie werden noch nicht völlig wach sein. Wenn ich bei der Zahl eins angelangt bin, werden Sie völlig wach sein, Sie werden sich dann in Ihrem normalen Wachzustand befinden.

Ich fange gleich an, von zwanzig ab rückwärts zu zählen und bei fünf, aber nicht früher, werden Sie Ihre Augen öffnen und erst bei eins vollkommen wach, bei eins werden Sie vollkommen ausgeruht und wach sein. Ich zähle jetzt: zwanzig, neunzehn, achtzehn, siebzehn, sechzehn, fünfzehn, vierzehn, dreizehn, zwölf, immer wacher, elf, zehn, neun, acht, sieben, immer wacher, sechs, fünf, die Augen auf, vier, drei, zwei, eins. Sie fühlen sich jetzt vollkommen ausgeruht und wach.

Anhang 7

Protokollbogen für Psychotherapiesitzungen

Protokollbogen für Psychotherapiesitzungen		

Therapeut (in): _____   Patienten(innen): _____

Therap.-Nr.: _____   Patienten-Nr.: _____

Datum: _____   Uhrzeit: von _____ bis _____

Sitzung-Nr.: _____   Zusätzl. Dokumentation: _____

Sitzungsplanung:

Umsetzung der Therapieaufgaben:

Verlauf der Sitzung:

Schmerzstärke:	Vor	Während	Nach
Therapieaufgaben:		Vorbereitung nächste Sitzung:	

Anhang 8

Patienteninformationen zur Hypnose[10]

In der Regel erscheint dem Laien Hypnose als ein Zustand, der durch eine besondere Gabe des Hypnotiseurs herbeigeführt wird. Der Hypnotisierte führt wie ein Roboter Tätigkeiten aus, die ihm normalerweise nicht möglich sind oder die er nicht tun würde. An die Geschehnisse soll sich der Hypnotisierte später nicht mehr erinnern können.

Dieses Bild von Hypnose entnimmt die Öffentlichkeit den Sensationsberichten über hypnotische Phänomene bzw. den Darstellungen von Bühnenhypnose in den Medien (Fernsehen, Illustrierte). Leider zeichnen derartige Berichte nicht nur ein falsches Bild von Hypnose, sondern wecken auch unrealistische Erwartungen bei Patienten über Dauer und Verlauf einer Hypnosetherapie.

Tatsächlich ist der Patient in Hypnose sich seiner selbst und der Vorgänge während der Hypnosesitzung bewusst und kann sich hinterher in der Regel an alles erinnern. Spontane Amnesien (Erinnerungsverluste) sind sehr selten. Allerdings wird der hypnotische Zustand als ein veränderter Bewusstseinszustand erlebt, der vom Patienten häufig als ein Zustand „wie kurz vor dem Einschlafen" charakterisiert wird. Man denkt mehr „in Bildern", die intensiver und stabiler als im Wachzustand sind. Die Aufmerksamkeit ist auf die „innere Realität" gerichtet, die der Therapeut durch Suggestionen, Metaphern etc. gestaltet, während die Umwelt, die „äußere Realität" in den Hintergrund tritt.

Die Fähigkeit, einen tiefhypnotischen Zustand zu erreichen, hängt nicht – wie von Laien oft vermutet – mit „Charaktereigenschaften" wie Hypochondrie oder sozialer Unsicherheit zusammen, sondern insbesondere mit der Fähigkeit, lebhafte Vorstellungen entwickeln zu können. Weiterhin werden kreative Fähigkeiten bzw. die Fähigkeit zur „Absorption" („Aufgehen" in der Beschäftigung mit einer Sache) diskutiert. Hirnphysiologisch kann Hypnose klar vom Schlaf abgegrenzt werden und ähnelt eher den physiologischen Vorgängen während tiefer Entspannung oder Meditation. Dies haben EEG-Untersuchungen zeigen können.

Menschen sind in Hypnose nicht in der Lage, Leistungen zu vollbringen, zu denen sie sonst nicht in der Lage wären. Auch eine oft befürchtete Minderung Ihrer moralischen Verantwortlichkeit sind in Hypnose nicht möglich. Zwar werden immer wieder derartige außergewöhnliche Phänomene berichtet, jedoch kann mit sorgfältig kontrollierten Experimenten gezeigt werden, dass diese Phänomene auch ohne Hypnose im Wachzustand möglich sind.

Der mit Hypnose arbeitende Fachmann ist nicht von den angeblich das normale Maß übersteigenden Möglichkeiten der Hypnose fasziniert, sondern von der Möglichkeit, die durch Hypnose veränderte „innere Wirklichkeit" therapeutisch effektiv einzusetzen. Und hier zeigen Untersuchungen aus der klinischen Hypnoseforschung, dass Hypnose bei nahezu allen psychischen und psychosomatischen Problemen von großem Nutzen ist.

Hypnose ist keine eigenständige Therapieform, sondern wird in der Regel in Kombination mit den bekannten Psychotherapieformen angewendet: In der Verhaltenstherapie etwa, um den Patienten eine normalerweise angstauslösende Situation wie z. B. den Anblick einer Spinne in der „inneren Wirklichkeit" angstfrei bestehen zu lassen; in der Psychoanalyse z. B., um in der hypnotischen Altersregression wichtige Kindheitserlebnisse zu reaktivieren; in der Gesprächspsychotherapie vielleicht, um über indirekte Kommunikationsmuster eine unbewusste Suche nach Konfliktlösungen in Gang zu setzen. Neben der Kombination mit psychotherapeutischen Verfahren hat die Hypnose aber auch ihren Platz in der Verhaltens- bzw. psychosomatischen Medizin (z. B. bei Gewichtsproblemen, Bluthochdruck). Hypnose wird ebenfalls zur Schmerzkontrolle (etwa in der zahnärztlichen Praxis oder bei Operationen) eingesetzt, so dass weniger Schmerzmittel verabreicht werden müssen.

---

10 nach Kossak, 1993

Anhang 9

Bestell- und Kontaktadressen

Materialien	Bestelladresse
Edukationsfilm: Chronischer Schmerz – Die Chancen psychologischer Therapie (DVD/VHS) von B. Kröner Herwig[11]	Niedersächsiche Staats- und Universitätsbibliothek Göttingen Platz der Göttinger Sieben 1 37073 Göttingen Tel.: +49 (0) 5 51/39 52 12 Fax: +49 (0) 5 51/39 52 22 www.sub.uni-goettingen.de
Lehrfilm: Hypnotherapeutische Interventionen im Rahmen eines verhaltenstherapeutischen Kurzprogramms zur Behandlung chronischer Schmerzen (DVD/VHS) von S. Jacobs[11]	
MINI-DIPS: Diagnostisches Kurzinterview bei psychischen Störungen von J. Margraf	Testzentrale Göttingen Robert-Bosch-Breite 25 37027 Göttingen Tel.: +49 (0) 5 51/5 06 88 14 Fax: +49 (0) 5 51/5 06 88 24 e-mail: testzentrale@hogrefe.de www.testzentrale.de
SCL-90-R: Die Symptom Checkliste nach Derogatis von B. Franke	

Kontaktadresse der Autoren:

Dr. Stefan Jacobs
Georg-Elias-Müller-Institut für Psychologie der
Universität Göttingen
Abteilung Klinische Psychologie und Psychotherapie
Goßlerstr. 14
37073 Göttingen
e-mail: sjacobs@uni-goettingen.de

---

11 gefördert im Rahmen des Projektes „Multimedia-Support" ZEM i. G. Universität Göttingen

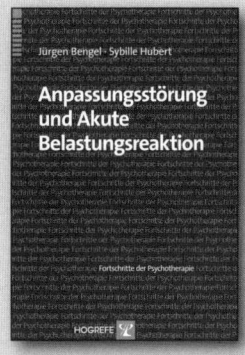